U0905295

珍藏本
纪念版

汉译世界学术名著丛书

语言分析纲要

〔美〕B. 布洛赫
G.L. 特雷杰 著

赵世开 译

2017 年 · 北京

Bernard Bloch, George L. Trager
OUTLINE OF LINGUISTIC ANALYSIS
Linguistic Society of America, 1942
根据美国语言学学会 1942 年版译出

内容提要

本书通俗地介绍了美国描写语言学的基本理论和分析方法，内容共分五个部分，分别阐述了描写语言学者对于语言的看法，以及把描写语言学的方法应用于语音学、音位学、形态学和句法学方面的问题。

汉译世界学术名著丛书
（120 年纪念版·珍藏本）
出 版 说 明

2017 年 2 月 11 日，商务印书馆迎来 120 岁的生日。120 年前，商务印书馆前贤怀揣文化救国的理想，抱持“昌明教育，开启民智”的使命，立足本土，放眼寰宇，以出版为津梁，沟通中西，为中国、为世界提供最富智慧的思想文化成果。无论世事白云苍狗，潮流左右激荡，甚至战火硝烟弥漫，始终践行学术报国之志，无改初心。

迻译世界各国学术名著，即其一端。早在 20 世纪初年便出版《原富》《天演论》等影响至今的代表性著作，1950 年代后更致力于外国哲学和社会科学经典的译介，及至 1980 年代，辑为“汉译世界学术名著丛书”，汇涓为流，蔚为大观。丛书自 1981 年开始出版，历时三十余年，迄今已推出七百种，是我国现代出版史上规模最大、最为重要的学术翻译工程。

丛书所选之书，立场观点不囿于一派，学科领域不限于一门，皆为文明开启以来，各时代、各国家、各民族的思想与文化精粹，代表着人类已经到达过的精神境界。丛书系统译介世界学术经典，引领时代思想，为本土原创学术的发展提供丰富的文化滋养，为推动中国现代学术和现代化进程做出了突出的贡献。

为纪念商务印书馆成立120周年，我们整体推出“汉译世界学术名著丛书”120年纪念版的珍藏本，寄望既利于文化积累，又便于研读查考，同时向长期支持丛书出版的译者、编者和读者致以敬意。

两甲子后的今天，商务印书馆又站在了一个新的历史时间节点上。我们不仅要铭记先辈的身影和足迹，更须让我们的步伐充满新的时代精神。这是商务人代代相传的事业，更是与国家和民族的命运始终紧密相连的事业。我们责无旁贷，必须做好我们这代人的传承与创造，让我们的努力和成果不仅凝聚成民族文化的记忆，还能成为后来人可以接续的事业。唯此，才能不负前贤，无愧来者。

商务印书馆编辑部

2017年10月

译　者　序

本世纪初，在美国出现了一个结构主义的流派——描写语言学派。这个学派是在美国的资本主义由独占资本发展成帝国主义的历史条件下，在逻辑实证主义哲学和行为主义心理学的基础上发展起来的。它的主要特征是对语言结构作纯形式的共时分析。这个学派有不少专门论述语言结构描写和分析的著作。B. 布洛赫跟 G. L. 特雷杰合写的这本《语言分析纲要》就是其中之一。这本书虽然出版很早（1942 年），说的也很简单，可是常常被人引用，有人甚至把它作为研究这个学派分析方法的入门书。这本书写得也还比较通俗易懂，不像这个学派里的大多数著作那么烦琐。它给我们提供了有关语言结构分析和描写的某些基本原则和方法。在这个基础上，我们可以进一步深入了解这个学派的分析方法，同时用辩证唯物主义的观点对它在理论上的虚伪性和方法上的某些错误作彻底的批判。翻译这本书的目的正是为了满足这方面的客观需要。

这本书的语言理论主要是建立在这个学派的理论奠基人 L. 布龙菲尔德的《语言论》（*Language*，1933）的基础之上的。比如，在本书的第一章里，我们可以看到作者对于语言本质的看法跟 L. 布龙菲尔德一模一样。他们都是从行为主义心理学的观点出发，把语言看成是代替实际的刺激和反应的行为。这是对语言本质的一种歪曲。首先，作者忽视了语言是表达思维的工具；其次，他没有看到语言的社会本质。L. 布龙菲尔德自称是“机械主义者”，实际上，是站在逻辑实证主义和行为主义的立场上来看待语言的。这样一种理论，从根本上说，是地地道道唯心主义的。本书正是基于这样一种理论来分析和描写语言的结构，这就使我们不得不首先对它的理论基础持批判的态度。

在语言结构分析中，本书作者的基本出发点跟这个学派的多数语言学家是一样的。他们认为，对于语言结构描写的任务就是把从发音人那儿记录下来的素材加以切分和归类。如果他能把某个社群的成员所说的全部话语都详尽加以说明，那么他就算完成了这种语言结构的描写。至于这样一种描写是否适合于一切语言，能在多大程度上满足语言研究和教学的需要，似乎不在考虑之内。本书的作者正是从这个基本立场出发，提出了一套结构分析的方法和手续。

本书的作者在音位分析中主要根据语音相似和互补分布的原则；在语法分析中，主张严格按照形式标志进行分析和归类，着眼在语素和直接成分的分析上，把分布（配列）作为句法的全部内容等等。这些原则和方法在美国描写语言学派里是比较典型的。其中分布这条标准现在几乎成了这个学派分析方法的基础。这条标准在实际操作中非常烦琐，而且还有任意性和循环论证的弊病。在意义和形式的关系上，本书作者在这个学派里也算得上是极端派，主张在语言分析中只根据形式而不管意义。此外，在对语言作共时的分析和描写时，完全忽视历时的因素。这种形式主义和反历史主义的观点，正如人们所指出的，无论在理论上和实践上都是行不通的。

本书作者跟这个学派的某些人在分析和描写方面也还有些不同的地方。例如，在这本书里不仅分析语素，而且还分析词和词类；在句法部分，还分析了句子和分句。这些语言结构单位在以后某些人的结构分析中几乎看不见了。像 Z. S. 哈里斯在《结构语言学的方法》(*Methods in Structural Linguistics*, 1951)里，只谈语素和语素的序列，其中跳过了词这一级；在句法里也不谈什么句子和分句。至于这个学派在五十年代才发展起来的线性分析(String analysis)，转换分析(Transformational analysis)和话语分析(Discourse analysis)，当然不可能包括在这本书里。不过这些新的发展并不影响这个学派和本书所提出的基本的分析方法和手续。

正如上面所指出的，本书的理论基础是建立在资产阶级唯心主义的基础上的，它的某些具体原则和分析方法也都存在不少严重的缺点和错误，可是，这并不意味着全书毫无可取之处。例如，本书对于语音的生理描写比较清楚明了，其中提出关于“内部闭塞”的解释以及对“超音质特征”的分析在语音描写和分析中是有一定价值的。不过，即使其中还有某些可取之处，也只能在对全书的整个系统用马克思主义的观点加以科学的分析和彻底的批判以后才可能对我们有些参考价值。

赵世开

1965 年 1 月 20 日

目　　录

序　　言

这本小册子的目的是想简要地介绍一种学习外语所必需的分析方法。这种方法就是跟说本地话的人合作并且用归纳的方法描写出一种语言的语法系统。这种语言材料可以由一个班级或小组在有训练的语言学家的指导下集体地研究，也可以由个别的研究者单独地研究。我们相信这本小册子对中学和大学语言课的专业教师也会有用处；作为一本入门书——介绍语言学的方法以及学习语言的科学态度，那么就是对于不研究语言学的人也是有用的。

今天，使更多的美国人掌握外语，这件事越来越让人感到必要了。可是从目前他们必须学习的许多语言来看，在我们国内还没有令人满意的书和教员。我们长期以来就需要有一本入门书，这本书有助于教师同时也有助于学习者把语言科学的成果运用到语言教学中去，这件事在目前的情况下也显得更加迫切了。我们希望这本小册子能让任何一个正在学习外语的人都看得懂，从而得到一些帮助，不论他从前所受的教育怎么样。如果他先念了 L. Bloomfield 教授的《外语实际研究简易指南》(*Outline Guide for the Practical Study of Foreign Languages*，它跟本书同时出版，而且是放在同一套丛书里的)，接着再学习和使用这本小册子所介绍的方法，那么他就可以在较短的时间里，在说本地话的人的帮助下，把无论哪一种外语都说得很好。

我们并不认为本书所提供的材料有什么独创的地方。大多数的事例和许多解释对一般语言学家说来都是很熟悉的，因为我们毫无拘泥地大量援用了同道们的研究成果。然而，由于这本小册子是为“非行家”写的，因此我们觉得与其几乎在每一页上都加注说明论点来源或引文出处，还不如干脆在这儿对他们总的表示一下感谢。

另一方面，第二—四章的处理方法，跟所处理的材料不同，大致可以说是我们自己的；这种处理方法所依据的分类原则——虽然在一定程度上也有来自其他语言学家的影响——乃是几年来的讨论、经验交流和实际试验的成果。

这一本入门书是在美国学术团体协议会分设国立现代东方语言和文化学校管理委员会的建议和赞助下编写，并交给美国语言学学会出版的。

本书有两部分——§4.8 中论后加成分-ous 的部分和除了§5.1 以外的整个第五章——的第一次草稿是由 L. Bloomfield 教授编写的。我们很感谢——远非我们能够确切地表达的——L. Bloomfield，Franklin Edgerton 和 Edgar H. Sturtevant 三位教授对全书的认真审订。他们三位审阅了每一遍的草稿；他们提出了许多意见，这些意见使本书的措辞比原稿清楚得多，用例更加确切，并且改正了一些明显的错误。

第一章　语言和语言学

1.1　语言的重要性

语言是一个任意的语音符号的系统，社会集团依靠它进行协作。

每一个正常的人都是一个社会集团的成员，有的时候还是不止一个社会集团的成员；每一个人在他所有的社会活动中都需要运用语言。假如没有语言，人类社会是不可想象的。语言是各个神经系统之间的纽带，如果没有语言，它们之间就没有任何联系；也可以说语言是一种媒介，通过这种媒介，在某一个人身上受到的刺激，可以在另外一个人的身上或者在这个集团所有的成员的身上引起有效的反应。别的交际手段——手势、图画、旗语，特别是文字——有的不能满足社会组织的要求，有的则完全是由口语派生的，只有当它们反映口语时才能起作用。

一个社会的种种活动——也就是所有社会成员的活动——组成了社会的文化。民族学家有所谓物质的文化和非物质的文化。物质的文化包括跟社会成员有关的有形的物体——房屋、服装、装饰品、工具，如此等等。非特质的文化包括社会集团的体制——它的宗教、法律以及因袭的习惯，其中包括语言。特质的文化至少可以从表面上通过观察有关的物体来进行研究。非物质的文化只有观察这个集团的成员说些什么以及当他们说话的时候如何行动才能进行研究。甚至属于物质文化的物体，也只有当我们知道它们叫什么以及它们的用途是什么的时候，才能充分了解。

所以语言不只是文化本身的一个要素，它还是所有文化活动的基础；因而也是了解任何现代社会集团的特征的最方便和最有效的线索。语言对于文化研究者的重要性总括在 L. Bloomfield 所说的这一段话里：

“每一个社群都是靠语言活动组织起来的。人们所说的话语使我们最直接地观察到社群的一切活动，这些话语在社群的每一个活动中都起一定的作用。要研究一个人类集团，我们必须了解它的言语。如果我们想更深入地探索这个社群的习俗及其历史起源，我们就必须从系统地描写它的语言开始。为了知道有关人类的一切，我们必须从系统地研究各种语言着手来研究各种不同的社群。我们对人类所了解的一点儿知识，就是从语言研究得来的。若是没有各种语言的知识，我们在这方面将盲从于理性、偏见和迷信。”（《语言的哲学方面》，见《文化史研究》）

1.2 语言的本质

“语言”这一术语是我们用来指称各个社群所使用的一切具体语言而言的。我们把一种语言说成是一个任意的语音符号的系统，指的是它的本质的四个重要方面。

（1）语言是一个系统。在这一方面，语言跟其他的非物质文化，如一种宗教、一套法律，或一套礼节，是没有区别的。凡是一个系统，总是不能直接地观察到的。归根结蒂，它只是可以观察到的某些行为特点的有次序的描写。我们只有观察某一社群的成员的某些行为以及这种行为和那种行为之间的关系，同时注意人们对这些行为的态度——例如，杀人总会受到一定的报复，人们把杀人看成是罪行，而且把对它的报复看成是合法的惩罚；这样，才能描述出这个社群的法律系统。这个社群的法律——不论其条文是出于这社群的本身或是出于一位作调查的民族学家之手——只是这些行为及其相互关系的系统的描写。同样的，一种语言的语法只是对某个社会的人们的说话方式所作的系统的描写——对人们在各种不同情况下发出的语音以及对伴随这些语音而来的行为的系统的描写。

(2)语言是符号系统。人们说的话语是象征性地跟现实世界的物体和事件相联系的；也就是说，话语“代表”实际生活中的各种要素，或者像我们一般所说的，它们具有意义。甚至在文明的社会里，人们也往往纯粹对词儿的本身带有迷信的崇拜，尽管是这样，我们还应该记住：词只是符号，并不是好像以什么神秘的方式跟它所代表的事物相等同的。

一个语言形式（一个词、词的一部分或词的组合）的意义乃是这种形式所出现的一切环境所共有的特点。所以意义是我们周围现实世界的某种东西——是纯粹客观“现实”的东西，也是属于社会关系和文化关系的东西。根据我们以上的定义，就可以清楚地看到，一个说话的人通常是根据听到某一个词在各种不同环境中的使用来了解那个词的全部确切的意义，甚至在一个小小的社群中，某一个词的意义对于不同的说话的人可以有细微的或相当大的差别。要确定某一个说话人所说的任何一个词的意义，就必须分析他曾听到过和使用过这个词的一切环境，从中抽出共同的特点——这显然是一件不可能的工作。在实际工作里，有一个大致不离的定义，我们也就满足了。这个定义是根据出现某个词的一些典型的环境跟不出现这个词的一些类似的环境相对比而得出来的。然而，即使这样的定义也不属于语言学方法的范围（参看§1.4），因为语言学的方法是只管语言符号本身的。

（3）组成语言的符号是语音的符号。符号可以有各式各样的，非语音的符号在人类活动中也能起不同程度的作用。手势、或多或少地程式化了的图画、旗语以及交通信号灯都是常用的视觉的符号。鼓点和号角声，钟、汽笛和哨子的鸣声是听觉的符号而不是语音的符号。上述的各种符号没有一种是语言，纵使它们组成了一个相当复杂的系统。我们把语言这个术语仅用于以语音为符号的系统——语音是人们通过所谓语音器官（参看§2.5）的各种活动而发出来的声音。文字是把言语转化成视觉的符号。文字的视觉符号又可以反过来用听觉符号来表示，如拍发莫尔斯电码；也可以用触觉符号来表示，如“布拉衣点字法”[①]。

人类语音器官发出的声音并非都是语言符号。打喷嚏、咳嗽、呻吟和哭号一般都没有符号的价值，它们并不“代替”这些声音以外的任何东西。只有当这一类声音在某个特定的社会集团中获得

① 这种点字法是法国人 Louis Braille 为盲人创制的一种凸点符号的文字。——译者注

了一定的约定俗成的意义时——例如，当轻声的咳嗽被了解为表示服从或者为难的时候——它才在这个社会集团的语言里获得一种边缘的地位。

(4)最后，语言符号是任意的。在语流及其意义之间并没有必然的或是哲学上有根据的联系。凡是懂得一种以上语言的人对这一点是很清楚的。当指称一种学名为 Equus caballus（“马”的拉丁学名——译者注）的动物时，说英语的人管它叫 horse，法国人管它叫 cheval，德国人管它叫 Pferd，说别的语言的人使用的又是另外的词。甚至拟声词在各个语言中也是不同的：我们用 bow-wow 摹仿狗吠声，法国人用 gnaf-gnaf，日本人用 wan-wan。所有这些词都同样地适用，因为它们都同样地是任意的。不是别的，而是传统的习惯——在社会集团成员中的一种默契——赋予了词以意义。

然而，人们略加考虑以后就不会引起任何争辩的这样一条基本的真理却往往会被学习外语的人所忽视。由于习惯了本民族语言的任意性的符号，他们就把这些符号看成了是合乎逻辑的或者是必然的，而对于外国人用 Pferd 这样奇怪的名字来指称明明叫作“马”这样一种动物感到惊讶，觉得这是外国人的乖僻。外语的语法结构，比外语的词汇，往往更容易引起这样一种天真的惊讶。有些人甚至于把某种语言——一般是拉丁语——的语法提高到抽象的理性的地位，而把其他语言中不合于这一模式的表达法认为是不合逻辑的讹误。学习者一旦完全相信所有语言的符号都是任意性的，就不会犯这一类的错误，他会把每一种语言看成是理所当然，不足为怪的，而不像一些顽固的人，把所有不习惯的东西都看成是荒谬的，带着先入之见去致力于这种语言的词汇和语法的研究。

1.3 学习的过程

每一个正常的人在幼年时代至少学习一种语言，这种语言他会使用一辈子；以后，他还不断学习新的材料，而且他的言语不断会发生变化，这些变化跟他的社群在使用这种语言中所发生的一切变化是一样的。不论在幼年时代和在成年以后，掌握一种语言的过程实质上总是一样的。首先，他必须有提供语言素材的来源；其次，他必须学会辨认和模仿这个来源所提供的话语，而且要分析他所学过的话语并加以归类。最好的语言素材的来源是被咨询人，也就是一个说本地话的人。（跟被咨询人进行工作的技术在 L. Bloomfield 的《外语实际研究简易指南》中已作了阐述，那本书跟这本小册子在同一套丛书中出版。那本书里所提出的意见，这儿就不再重复了。）

人们只需要有小孩儿的正常的智力，就可以从被咨询人那儿学习一种语言；世界上并没有什么特殊的“语言天才”，这种天才只有某些人有而别人却没有。除了聋子或白痴，每一个人大约在满五岁的时候就能充分掌握本地的语言，哪怕这种语言对于外地人说来可能是非常艰难和复杂的。在掌握了一种语言以后，任何人在任何年纪都可以继续学好一种或几种外语——只要他有可靠的语言素材的来源，有足够的学习时间，而且不受偏见和错误观念的影响，用正确的方法进行学习。

在学习语言的时候，有一个步骤是模仿被咨询人的话语（参看

§2.1)。言语习惯没有固定的儿童不带偏见地模仿他的父母以及他周围的人。他经过一段相当长的"尝试和错误"的过程,做了无数的试验并且得到很多明确的指正,终于达到了说得很流利的程度。而另一方面,对于一个成年人来说,情况就不同了。他已经掌握了一套言语的习惯。在说本族语时,他的发音器官运用得很灵便,久而久之,要做别的语言的某些发音动作时却不那么样灵便了;所以,在他学习一种外语时,往往感到困难,不能随意地模仿他的被咨询人——有时甚至于认为外语的语音除了说那种话的当地人以外,其他的人都发不出来。这个结论完全是错误的,因为没有一种语言所用的任何一个语音是外国人学不好的。他只需要在语音学方面有一些基本的训练,有足够的练习,并且具有认为世界上任何一种语言中没有不能发的音的信念就行了。第二章是普通语音学的一个纲要,它将有助于学习者去掌握他所要钻研的任何语音的发音。

学习者要去分析从被咨询人那儿得来的材料,并且加以归类,除非受过第三、四、五章所描写的语言分析技术的一定程度的训练,不然他就会像儿童学话那样需要经过长年累月的"尝试和错误"的过程。学习者学会了运用这些技术,就不会把外语当作一大堆不熟悉的词语,而是把它作为一个系统来学习。如果他同时掌握了外语词汇的基本成分,那么他用起这种语言来,就能达到像本地人使用这种语言一样的熟练。

1.4　语言科学

一个语言学家不一定是能够实际掌握许多语言的所谓语言

通。他是一个科学家，他的工作对象是语言，他的任务是分析他所听到的当地人所说的话语，或者他所看到的用文字所记载的话语，同时加以归类。正如上面所说的（参看§1.2），跟语言结构以及语言符号本身之间的关系比较起来，语言学家比较少地直接考虑到意义，但是他的工作对象的性质要求他也要注意意义（参看§4.1）。当他所描写的言语事实足以说明该社会集团成员所使用的全部话语时，他的描写就是所谓这个语言的系统或语法。

为了解释他所描写的事实，语言学家要从历史上追溯这种语言中的形式的来历，并且把这些语言形式跟亲属语言中相应的形式加以比较。按语言学的要求来说，回答“为什么？”这个问题的唯一的方法是用历史来说明。比如，为什么我们把 Equus caballus 这一类动物叫作 horse 呢？答案是，因为我们的父母就是那么叫的，而且在他们以前说英语的祖先一千多年来也是这么叫的。为什么我们叫 stone“石头”而法国人管它叫 pierre 呢？因为在英国 King Alfred 时人们叫它 stān，而且由于这个词的元音，和许多别的词一样，从相当于 father“父亲”里的 a[ɑː]变成了 go 中的 o [ou]。为什么 goose“鹅”的复数不是 gooses 呢？因为在古代的语言中——英语和德语都是从这个古代语言分化出来的——名词不止用一种方式构成复数，又由于 goose 的原形跟 stone 这一类词的原形在复数形式上分属不同的类型。必须记住，语言学只能用以下的方式来解释语言事实：说明有关的事实早期在这语言中的情况并描写它所经历的变化。企图用其他方式——用心理学、哲学或抽象的逻辑——来回答“为什么？”这个问题，从美学观点看来似乎更能令人满意，但是这只是无法证实和没有效果的猜想而已。

语言学家分析了一个或更多的说本地话的人的言语活动，或者分析了反映在文字里的某个社群的言语活动，并且把这些言语活动归了类，他就能够把分析的结果用简明而有条理的形式写出来，以便于别人参考。他可以写出一部这种语言的语法（告诉人们那些人在说话的时候是怎么样说的，而不是这位语言学家本人认为他们应该是怎么样说的），编出一本词典和一套教科书。他还可以写一部入门书，这种书为了初学者的方便，可以由浅入深地提供语言材料。

有了这种入门书，学习者往往可以节省不少时间，而且可以避免一些初学的人常常容易犯的错误，尽管如此，被咨询人还是必不可少的。即使是编得最好的书也发不出音来；至于唱片，也回答不出随时可能产生的各种特殊的问题。用科学的方法编出来的读本有一个最大的好处，就是它所提供的语言材料是经过分析和归好了类的。这种书可以把学习者的注意力一下子就引到了他必须注意的一些重要的语言特点上去。当没有学习某种语言的入门书时，系统的语法书对于学习者往往也有很大的帮助。可是在使用的时候，学习者只好自己把材料根据深浅程度的不同分出先后，然后按部就班地学习，而且还要用大部分的时间来请教被咨询人。

不幸的是，无论哪一种语言，几乎还没有一本入门书是由有训练的语言学家编写出来的。对于大家比较熟悉的一些语言来说，还作了不少局部的研究，其中有好的也有坏的。所有这些研究，除了其中最坏的而外，对于学习者都会是有用的，只要他是把这些研究用来补充他和说本地话的人一块儿所做的工作，而不是取而代之。可是，对于大多数语言来说，根本还没有写出什么书来；学习

者只好自己从头摸索，给这种语言搞出一个系统来。如果他能幸运地得到一位有训练的语言学家的指导，不论这位语言学家懂得这门外语还是他将同这位学习者一起学习，比起学习者自己一个人单独工作或是在一个没有经过语言学方法训练的教师指导下工作，这位学习者一定会取得更快的进步。不论在什么情况下，学习者都有必要熟习这本小册子所描述的分析方法和归类的技术。

第二章　语音学

2.1　语音学的用途

要想学会说一种外语，学习者首先碰到的一个问题就是这种语言的发音。在他开始学任何一部分语法或者掌握最基本的词汇以前，他必须能够分辨说这种语言的本地人所发的音，而且他自己也要能把这些音发得让本地人听得懂。请注意我们在这儿所说的只是语音，并不是字母或者用来记录这种语言的任何一种符号。学习者掌握了发音之后，他会觉得再去学习那种语言的文字系统（如果他学习的这种语言有一个文字系统的话）要便利得多而且也是必要的。不过，如果他对于这种语言的发音还没有完全掌握，那么他事先对于这种语言的文字形式的任何看法，都往往只会引起混乱而且没有丝毫用处。

由于住在外国或者跟说某种语言的外国人长期交往，不经过系统的学习而能很好地掌握那种语言的发音是完全可能的；可是对于大多数学习者来说，这种机会是不多的，而且无论如何在时间上是很浪费的。如果用语音学的方法来学习一种外语，我们所花费的时间要短得多——通常是两个星期或更短的时间——而得到的结果却完全相同，甚至还更好一些。所谓用语音学的方法来学习外语，指的是用分析、描写和归类的方法来学习外语的语音，而那些方法构成了语音学这门科学。

经过语音训练的学习者，比起一般用“瞎碰”的方法学习外语发音的人，有三大好处：

（1）懂得了言语器官的构造和功能，他就能把外语语音的组合情况分析出来，而且能够既准确而又简单地描写它们，使得他自己或者任何其他受过同样训练的人，根据他的描写做发音器官的活动就能正确地发出这些音来。

（2）他能够把令人迷惑的复杂的外语语音整理出来，并且指出它们彼此之间在功能上的关系，这样就把表面上一团糟的语音整理成只有几十个单位的有规则的系统了。

（3）在这个系统的基础之上，他能给外语设计出一套切实有用的拼写法，这种拼写法写起来容易，读起来也容易。他可以用来在学习时记录下词和语法的特点以及连续的句子和长篇的话语。

本章的其他各节以及下面的一章将简要地描述得到以上这些好处的方法：普通语音学和音位学。应当记住这些使很多人感兴趣的方法本身并不是目的，它只是一种手段，这种手段能够对发音动作作准确而有用的描写，因而使人们能够很快地去掌握这种语言。

2.2　普通语音学

要描写和掌握某一种语言的发音，只需要知道人类发音器官所能发的无数种语音中的一小部分就行了。假如你的目的是要学会法语，那么如何发德语 Buch“书”的最后一个音，对于你并没有什么用处而且也毫无关系。假如你想学的是德语，那就不需要知道法语 agneau“小羊”中的 gn 是怎样发的。而且作为一个说英语的人，在学习法语或德语的时候，都不能因为会发 thick“厚的”中 th 这个音而得到什么好处。任何一种语言只用到所有可能有的语音中很小的一部分，而且没有两种语言使用的音域完全相同。

正是由于各个语言之间在语音上有各种各样的差异，再加上不可能预料在任何一种还没有经过研究的语言中会出现些什么样的语音，这就使得对语音的整个范围作全面的观察成为学习现代外语的人唯一可靠的准备工作。当然，在这全面的观察中他所学到的很多音以后根本没有机会使用。可是另一方面，如果这样一种观察既是十分广泛而又十分深入的，那么在外语的发音中将几乎绝对不会再碰到任何对于他完全陌生的音。所以，普通语音学的训练最直接的好处是，它使学习者作好准备去独立处理他在任何具体语言的调查中所可能遇到的一切特殊的问题。

此外还有一个好处。不论学习者多么熟习一种具体语言的语音，通过普通语音学的观察，他对这种语音的了解将更加清楚和深刻。例如，如果他不仅知道英语 tin“锡”中的 t 跟 din“骚音”中的 d 和 sin“罪恶”中的 s 有些什么不同，而且还知道它跟法语 tard“晚”中的 t，匈牙利语 táj“区域”中的 t，或是汉语 ta“大”中的 t 有些什么不同，那么他的了解将大大地深入。就是这样一种观察使得他能够比较他所听到过的任何两个语音，而且在这种比较的基础上构成足以概括所有语音的分类系统。

2.3 术语

为了描写语音，我们必须有一套术语，这套术语都有明确的定义。在选择术语的时候，术语的本身当然无所谓好坏，指导我们的原则主要是使用上的便利和社会上的约定俗成。

语音是一种人体的活动，它具有以下三个主要方面：

(1)生理的：说话人用他的嘴唇、舌头以及其他发音器官作出一定的活动。

(2)音响的：发音器官的活动使说话人的口腔和鼻腔里的空气分子产生振动，这振动通过它周围的空气作为“声波”传播出去，一直到它冲击到听话人的耳朵的鼓膜为止。

(3)听觉的：听话的人在鼓膜里产生了相应的振动，这振动作用于内耳的机构，并通过这些机构再作用于听觉神经，于是听话的人“感觉到了声音”。

从理论上说，语音的这三个方面的任何一方面都可以作为科学术语的基础。

一般人所用的描写语音的术语几乎都是属于听觉的，这些术语只是笼笼统统地表示出听话人的印象。如 cash“现金”中的元音是“窄的”，calm“平静”中的元音是“宽的”；get“得到”中的 g 是“硬的”，gem“宝石”中的 g 是“软的”；“硬”和“软”也同样使用于 see“看见”中的 s 和 rose“玫瑰”中的 s，然而人们在这儿往往不很一致，究竟孰“硬”孰“软”。其他的音被说成是“亮的”或者“闷的”，“细的”或者“粗的”；甚至把表示喉咙里所形成的“喉音”(不管是指哪一种)这个术语,当作“奇怪的音”或是“不悦耳的音”的笼统的同义词。显然这些术语用来为我们服务必然是既不够概括也不够准确的。事实上,人们还没有创立一套可用的术语来描写语音的听觉印象。

音响学是物理学的一部分,它测定空气分子的振动,我们管这种振动叫声波。由于这些测定是用数学的形式表达的,它们本来是很可以被语言学家采用的。可是在这方面有两层反对的意见:严格的音响学术语的使用事先要求有长期的物理学和数学的训练,而在这方面语言学家没有那么多的时间;此外,它还要依靠实验室里特殊仪器的使用,而在这方面也很少有语言学家掌握得了。总之,不论音响学的术语如何精确,对于每一个语言学家来说几乎都是没有意义的。

可是另一方面,发音器官的动作和位置事先不需要特殊的训练就可以学到(而且有的器官如果地位适当,还可以直接观察到)。任何一个语音都可以根据发音动作明确而简单地加以描写。而这些术语所依据的实验仪器——唇、齿、舌、腭等——对于一切语言学家说来都有一套标准的设备。尤其是,只要按照语音的生理学的描写中所规定的动作练习一段时间,就很容易把这种描写变成语音的本身。因此,用这一类术语完全可以满足使用上的便利这一条件。再加上几乎所有的语音学家都习惯于使用它(虽然有的时候跟听觉术语有某些混用的地方),所以它也能满足约定俗成这一个条件。因此,在本章的其余各节中,所有语音的术语都建立于生理上的发音——换句话说,就是建立于语音的**发音方法**。

(学习者应该注意,在这本小册子里用来表示不同语音范畴的术语并非是唯一的通行的术语。不过我们认为在大多数的情况下对于每一个范畴只提出一个术语比用一大串同义词把人搞得头昏眼花要好些。这样提醒以后，学习者在碰到各种语音学书中的别的术语甚至是别的分类法时，就不会感到奇怪或惊讶。假如他懂得了这儿所举的一套术语而且了解它所反映的分类，一般说来他将不会有什么困难把本书的术语换成别的术语。)

2.4 语音的形成

简单地说，人类的言语器官跟管乐器(如单簧管或笛子)是一样的：这二者的发音方式相同，也就是都用闭塞、阻碍或者用其他的方式妨碍自由流通的气流，使这股气流只能通过四周都被封闭住的一条通道里流出去。在人类的器官中，这一股气流是由肺部发出来的，它由于横膈膜的收缩从肺部挤了出来。这一股气流向上通过喉头和咽壁以后，继续通过口腔或鼻孔或者同时通过二者而流出去。这股气流在流动的过程中可能被阻止或阻碍在某个点上，而且它所通过的空间的形状可以加以种种不同的改变。当这股气流从肺部通向鼻孔或是嘴唇时(有时候也在它被吸回肺里时)，正是用这样一种“吹奏”的方式，我们发出了人类言语的各种语音。

发音共有五种主要的方式：

(1)由于封闭了气流的通道，气流可能在某一点上完全被闭塞住。这样形成的语音叫作闭塞音(例如在 pop“枪声”，tot“小杯子”，kick“踢”，bib“胸围”，dead“死亡”，gag“口衔”中的 p，t，k，b， d,g)。

(2)气流的通道可能在某一点上收缩以至于只留下一条狭缝,它的形状很像是一条细长的裂口或一个凹槽;气流就从那儿挤出。这样形成的语音叫作摩擦音(例如在 fat“胖”,vat“大桶”,thin“瘦”,then“那么”,see“看见”,zeal“热心”,show“显示”中的 f,v,th,s,z,sh)。

(3)口腔通道的中间可能被封闭(闭塞)住,但是在口腔的一边或两边留下了一个空隙让气流流出,这样形成的语音叫作边音(例如 let“使”,feel“感觉”,milk“牛奶”中的 l)。

(4)流过的气流可能引起有弹性的器官迅速地颤动,这种语音叫作颤音(例如德语 rot,法语 rouge,西班牙语 rojo 中的 r)。

闭塞音,摩擦音,边音和颤音都是辅音。

(5)最后一种方式是,通道可能没有什么阻碍,可是口腔的形状却由于舌头和嘴唇的动作不同而有所改变。这样形成的语音就是元音。

因此,学习者首先必须熟悉这些发音器官。

2.5　发音器官

我们所说的发音器官或言语器官,当然不是主要只管发音或者仅仅只管发音。嘴唇、牙齿和舌头也可以叫作饮食器官,喉头和肺也可以叫作呼吸器官。但是这儿我们不管这些器官的主要功能而只考察它们的次要的发音的功能。

以下对于发音器官所作的不完全的描写应当用其他一些语音

学著作中的图解来补充。G. Oscar Russell 的《言语和声音》(1931年版,伦敦)这本书里附有各种器官的精美而细致的插图。参考书目(见第129—132页)中所列的一些书里也都附有有助于了解的简化了的图解,所有这些图解基本上都是相同的。但是插图和图解也还是不够的。为了对这一部分的说明有透彻的了解,学习者有必要对于器官本身作细致和连续的观察来补充关于发音器官的描写。一面小镜子是必不可少的装备,每一个做实际工作的语音学家不论到哪儿都必须随身携带,而且必须经常使用。为了看清楚口腔的后部,小电筒也很有用处,不过镜子还是最主要的。

为了说明上的方便,我们把发音器官分成了两大类:一类是发音动作者[①],这一类发音器官可以自由的活动,只不过程度上有些不同,这些器官还可以用不同的活动方式达到一定的位置上;另一类是发音点[②],这一类器官处于发音动作者之上,它们是一些固定的点或区域,发音动作者可能接触或者接近这些部位。舌头是发音动作者,因为它可以移上移下,移前移后,而且它的活动对于发很多音都是必要的。前上齿是发音点,因为舌尖可以接触或者接近它。在这一节里我们将简单地讲讲每一个发音动作者,同时指出这些发音动作者的典型的动作和部位,以及它们所接触的典型的发音点。

(1)下唇可以紧紧地或松松地贴到上唇上把口腔的通道完全封闭,如发 pit“坑”中的 p,bit“小品”中的 b 或 mitt“拳头”中的 m。

---

① “发音动作者”也就是一般所说的“积极器官”或“主动器官”。——译者注

② “发音点”也就是一般所说的“消极器官”或“被动器官”。——译者注

它也可以贴近上唇形成长条形的狭缝，如发西班牙语 haber“有”，Habana 中的 b。两唇还可以撮敛成不同口径的大致是圆形的空隙，如发 well 中的 w，wheel 中的 wh，法语 loup“狼”或德语 gut“好”中的元音，或者 law“法律”中的元音。下唇还可以碰到前上齿的齿缘形成一条长的裂缝，如发 fat“胖”中的 f 和 vat“大桶”中的 v。

由下唇发出的音叫作唇音。它们可能是双唇音（接触上唇），也可能是唇齿音（接触上齿）。把这些术语和 § 2.4 中所提到的术语结合起来，我们把 p 和 b 称作双唇闭塞音，f 和 v 为唇齿摩擦音，德语 gut 中的 u 是加上了唇变化的元音（参看 § 2.8）。

人们还可以发出唇边音（把双唇的中间闭起来，而把双唇的一边或两边松开）和唇颤音。后者有时在写成 brrr 的感叹词中可以听到。不过，这两种音在目前已经描写过的无论哪一种语言的正常发音中似乎还没有听到过。

（2）舌头是非常灵活的。它的各个部分几乎都可以独立地活动。譬如，把舌头的后部抬高而且向后缩的时候，舌尖仍然可以卷上或伸平。因此，我们不妨把舌头的三个部分分别作为三个发音动作者。

舌尖是发音动作者中最灵活的部分；凡是曾经用舌尖探查过牙痛或者剔除过面包屑的人对舌头的高度灵活性是很熟悉的。舌尖可以抬起来抵住上齿的齿缘形成完全的封闭，如通常发 width“阔”中的 d；也可以抵住上齿的背面，如发法语 tout“都”，doux“甜”，nous“我们”中的 t，d，n；也可以抵住齿龈边缘（这个部位正处在上齿齿根后面的硬齿龈的边缘），如发英语 toe“脚趾”，dough

“面团”，no“不”中的 t，d，n；或者抵住硬腭更后的部分，如美国中西部有些人发 harder“较硬”中的 d。在抵住上齿的齿尖或齿背时，舌尖跟发音点之间形成了一条狭长的缝，如发 thin“瘦”和 then“那么”中的 th；在抵住齿龈边缘时，舌尖跟发音点之间可以形成一个小的槽形的缝，如发 see“看见”中的 s 和 zeal“热心”中的 z。当口腔的中部被舌尖封闭住了的时候，可以在边上（在一边或两边）留出空隙，如发法语 lire“读”，德语 lesen“读”，英语 let“使”，girl“女孩”中的各种 l。当舌尖略微抬高时，气流可以使它抵住上齿或齿龈的边缘急速颤动，如发南部德语 rot 或西班牙语 rojo 中的 r。

用舌尖发出的音叫作舌尖音。我们可以根据它所接触的不同的发音点作出更为精确的描写：齿间音是用舌尖抵住前上齿的齿缘或抵在上齿和下齿之间；齿后音是用舌尖抵住上齿的肯面；齿音是上面两个术语的统称；齿龈音是用舌尖抵住齿龈的边缘；翘舌音是用舌尖抵住齿龈边缘后面的硬腭（也就是指向圆形口盖的顶部或顶点，拉丁语叫 cacūmen）。

有时不妨把舌尖的顶尖部分再细分成舌尖和舌叶。舌叶是紧接在舌尖后面的舌头边缘的那一部分。上面举过的例子 see 中的 s 就是用舌叶发音的；美国英语 rye“黑麦”，cry“叫喊”，try“尝试”，dry“干”中的各种不同的 r 都是只用舌尖发的。发这两种音时舌尖或舌叶都抵住齿龈的边缘而形成槽形的缝。

（3）舌头的宽阔的平面可以分成两个部分。其中，紧接在舌尖的后面而且从舌叶向后扩展约 $1\frac{1}{2}$ 时的部分叫作舌面前。舌面前一般抵住硬腭发音。当我们把嘴闭起来而舌头放松时，直接位于舌面前之上的口腔顶部的那一部分就是硬腭。舌面前跟硬腭之间可以形成完全的闭塞，如发意大利语 ogni“一切”和法语 agneau“绵羊”中的 gn。在舌面前和硬腭之间构成一个槽形的缝就能发出时常听到的各种摩擦音，如 show“显示”和 azure“天蓝色”中分别用 sh 和 z 所代表的音。在舌面前和硬腭之间也可以构成长条形的缝，但是在比较熟悉的语言中还举不出什么具体的例子。如果把舌面前跟硬腭之间的中间部分封闭起来而在两边留出空隙，就能发意大利语 egli“他”和 doglia“忧伤”中的 gl，或者发卡斯地语[①] llamar“叫”中的 ll。在舌面前和硬腭之间要发颤音是不可能的。

用舌面前发出的辅音叫作舌面前辅音，通常叫作腭音（与硬腭有关）。我们用术语前腭、中腭和后腭来表明各个不同的发音点，也就是表明舌面前分别地接触或接近硬腭的前部、中部或后部。

舌面前的最重要的功能之一就是在发元音时变换口腔的形状。当你发 ham“火腿”，hay“干草”，he“他”中的元音时，请注意自己舌头的位置；你会发现舌面前不断抬高接近硬腭。用舌头的舌面前发出的元音可以叫作舌面前元音或腭音，不过通常就叫作前元音。

（4）舌面后是从离舌尖约 $1\frac{1}{2}$ 吋的点延伸到口腔最后的那一部分。当嘴闭住时直接位于舌面后之上的口腔顶部的部分是软腭或软口盖；这是由能够独立上下活动的无骨的肌肉组成的圆拱。小舌是挂在软腭后部边缘的一块小的肉质下垂物。要在镜子里观

① 卡斯地语（Castilian Spanish）是纯粹的西班牙语。Castile 是西班牙中部的古王国。——译者注

察这些部分的结构和活动，只要把舌头放在发 ah 音的位置上；如果你不能使舌头在口中放平，那么可以用一个木质的压舌板轻轻地往下压住。你慢慢地通过口腔吸气，然后慢慢地通过鼻孔呼气。这样，你就会看到软腭和悬在那儿的小舌，当你吸气时小舌就上升，当你呼气时小舌就下降；但是，如果你反过来通过鼻孔吸气而通过口腔呼气，那么小舌的上升和下降就适得其反。小舌在通向鼻腔的岔口处（这岔口在软腭的后部和上面）起着帘子或盖子的作用。当软腭抬高时，这岔口就关上，于是气流完全从口腔里流出来；当软腭下降时，气流就有了通到鼻腔去的入口。不管它的灵活性如何，我们不把软腭看成发音动作者；至于在语音分类中它的功能的作用，请参看§2.10(1)。

舌面后可以抵住软腭的某个部分而形成闭塞，如发 keep“维持”中的 k，coop“鸡舍”中的 c，geese“鹅，复数”和 goose“鹅，单数”中的 g，和 sing“唱歌”中的 ng。它抵住软腭的不同部分形成一条长缝，为了发德语 ich“我”和 Bach“溪流”中的 ch，和巴黎法语 rough 中不颤动的 r。它形成边上留下空隙的闭塞，为了发出常用而不为人注意的 milk“牛奶”和 vulgar“通俗的”中的 l。最后，舌面后可以抬起形成一种槽形，使小舌位于凹槽之中，小舌的尖端朝前，这样气流就使小舌震动而形成一种清晰的颤音，如发北部德语 rot 或普罗房斯法语 rouge 中的 r。收缩舌面后的最低部分（有时叫作舌根）或者就收缩喉头本身的肌肉都可以形成“喉头”的紧缩（喉头指的是口腔最后的空间，它位于咽喉和通向鼻孔的过道之间）。

用舌面后形成的辅音叫作舌面后辅音，通常叫作“软腭音”。我们用术语前软腭、央软腭、后软腭和小舌来分别表明不同的发音点。在喉头发的音叫作喉音。

跟舌面前一样，舌面后对于元音的发音也是重要的。当你发haw“山楂”，hoe“锹”，who“谁”的元音时，观察一下舌头的位置，你就会发现舌根不断提高，逐渐接近软腭。用舌面后发出的元音一般叫作后元音。

(5)所有从肺里排出或吸入的空气都必须通过喉头，喉头是由软骨、肌肉以及在气管顶端的薄膜所组成的一个复杂的机构。喉头向前突出的部分是喉结。从语音学的角度来看，喉头最重要的部分是两条并列的从前到后的平行的堤岸，也就是两束肌肉，这就叫作声带。(声带这个名字是很不恰当的，因为这些肌肉一点也不像弦带；曾经有人建议用“声唇”这个比较好的名字，可惜声带这个名字已经通行了。)平时呼吸的时候，声带是拉开的，这样气流可以在其中进进出出而不受阻碍。声带之间的空间叫作声门；所以在平时呼吸时，我们说声门是打开的。

声带能够做十分精细而准确的调节活动：声门可以变狭，或者缩成一条缝，或者完全闭合。当它只是略微变狭时，气流几乎没有任何阻碍；这就是通常认为发 hair“头发”，hall“大厅”中的 h 的位置。当声带闭合时，气流全部被阻塞，没有空气能从肺部进出，除非解除声门的封闭。这个声门闭塞音在许多语言中是一个重要的语音。当我们必须把空气封闭在肺里来抵抗腹部肌肉的压力，譬如从地上提起或者举起一件沉重的物体时，声门闭塞的非语言学的功用是很明显的。

当声门几乎完全闭合的时候，通过的气流使声带的有弹性的边缘急速颤动，这样就产生了乐音即嗡嗡声，术语称之为声。除了声门闭塞音以外，其他不管什么音都可以带声也可以不带声——也就是说带有和不带有声带伴随的颤动；所有的音相应地都可以分为有声和无声。（关于有声 h 和无声 h 之间的关系请参看下文。）zeal“热心”的 z 是有声的；相对应的无声语音是 see“看见”的 s。如果你把这两个音清楚地而且拉长了发出来，同时把你的手紧紧地贴在你的耳朵上，那么当发 z 的时候，你会听到头里有很响的嗡嗡声（这声调是由于声带的颤动而产生的），而发 s 的时候，它就完全没有了。其他成对的有声和无声的音有 veal“小牛肉”中的 v 和 feel“感觉”中的 f，either“各”中的 th 和 ether“以太”中的 th，rubber“橡皮”中的 b 和 upper“上面”中的 p。除了上面举的这几个例子以外，你自己还可以很容易就找到许多成对的有声和无声的音，这样做对于学习是很有好处的。

音高的差别（高一些或低一些），不仅在歌唱中是重要的，而且在每个社群的日常的言语中也是重要的；试比较 yes“是的”和 yes? “是吗?”，或者类似性质的音高差别。这些差别是由于控制了声带的紧张度从而使它略快或略慢地震动时产生的。音高本身的变化并不依赖于其他器官的发音。不管是 z（如在 zeal“热心”中）和 a（如在 calm“平静”中），都能够在说话人的音域范围内用任何音高发出；但是像 s 这样的无声的语音却不能用同样的方式在音高上起变化。[虽然声带的颤动可以叫作颤音（参看 § 2.4），但是我们保留这个术语用来表示超声门器官的颤动——也就是在声门以上的器官的颤动。]

如果声门收缩到比需要发声的缝还略微宽一些，声带可以微弱地颤动而同时让大部分空气不受阻碍地通过。这种半有声的语音叫作私语音；当我们轻轻地说话的时候，私语音往往代替了所有有声的语音。而私语音 h（上述的有声的 h）有时用来代替在 perhaps“也许”，behind“后面”，unhappy“不快活”这样一些词中的无声的 h。请试试在自然放松的状态中把你的耳朵堵起来发这些词的音：如果伴随在 h 之前和 h 之后的嗡嗡声在中间停了一下，那么你就是在发无声的 h；如果这嗡嗡声只是在音量上偶尔减小了，那么你发的 h 是私语音。

耳语音是把声门收拢到几乎发有声的音的位置，然后使声带变硬到不至于颤动而产生的。在耳语中一般的有声语音被耳语音所代替，而一般的无声语音则不变。声带还可以做其他的调节活动，不过这些活动在发音中起着较为次要的作用。

主要靠声带发音的语音叫作喉音。这些音包括声门闭塞音的 h，和有声或私语音的 h。另一方面，最好把有声和无声看成是由超声门器官发出的语音的辅助特征；譬如有声的 z 和无声的 s 二者都是舌尖（舌叶）摩擦音，有声的 b 和无声的 p 二者都是双唇闭塞音。

除了声带的动作之外，整个喉头还可以有两种活动方式。它可以在喉咙里抬高或降低（请注意你在吞咽时，喉结的位置的移动）；也可以把喉头的全部肌肉收紧使整个喉头收缩。这些动作的作用将在§2.13 中讨论。

2.6　语音的分类

在把语音作生理学的分类上，我们在上面已经开了个头。在

§2.4中我们描写了发音的类型，这种类型提供了把所有的音分为元音和辅音这两个大类的标准。元音是发音时口腔通道不受阻碍的语音，这样就使得气流从肺部流到嘴唇时完全不被阻塞，不必要从压缩了的狭道中挤出去，也不会从通道的中间被挤到边上去，而且也不会引起任何声门以上器官的颤动；它是典型的有声的语音，但不一定非得是有声的语音。相反的，辅音是这样一种语音：发这种音时气流因喉头或口腔的通道的封闭而完全被阻塞，或者被迫从压缩了的狭道中挤出去，或者从通道的中间挤到了边上再由边上空隙的地方流了出去，或者引起声门以上某个器官颤动。

元音和辅音间的分界线，大家公认是模糊的。如我们所看到的有些元音（例如在 he“他”和 who“谁”中）是将舌面前或舌面后显著地抬高了以后才发出来的；假如发音动作者进一步抬高，它就会紧密地接近口腔的顶部而形成一个压缩了的通道。虽然这样，元音是不受阻的语音这个定义从一切实用的目的来说还是有用的。

在§§2.8—13中将对已经建立的这两个主要的大类作进一步的分类。

2.7 语音符号

在我们更详细地讨论语音之前，我们必须先有一种在书面上代表语音的方法。英语和欧洲其他语言的一般的拼写法显然是不行的；人们只要想一想 a 这个字母在 cat“猫”，came“来”，calm“平静”，call“叫”，sofa“沙发”中分别代表了五种不同的元音，而八个不同的字母以及字母的组合却用来拼写同一个元音，如 Pete“皮特”，feet“脚”，meat“肉”，seize“捉拿”，niece“甥女”，key“钥匙”，quay“码头”，police“警察”中的元音就是如此，从这些情况就可以认识到传统的拼写法只会使我们在任何语音的讨论中陷于混乱。

所以在所有需要标音的地方，我们都应当用有特定的音值的字母来代表我们所谈到的语音。为了区别语音符号和传统拼写法的字母，习惯上把前者放在方括号里。譬如[a]是作为具有特定音值的语音符号；ɑ 是一般英语（或者法语或者拉丁语）字母表中的字母，那些字母在各种不明确和矛盾的方式下用来拼写各个语言中彼此不同的各种语音。

任何一个语音符号的定义都是很重要的，而且总要慎重地规定；但是符号本身，或者说是一种符号的选择优先于任何别的符号，这是完全无关紧要的。在下一节里，我们将用[a]来标示一个特定的元音的范畴，它的音值规定得很精确，而这种精确性正是这个符号的用途所要求的；不论什么时候我们写[a]，我们就是用它来代表我们所规定的这个范畴的一个音。但必须明确地了解我们并没有把任何重要性加到字母[a]本身上去：我们之所以选择它的唯一的理由只不过是它在语言学的著作中已经通用于这一音值罢了。如果任何别的符号在这同样的音值中也一样地通行，或者如果还没有标示这个语音的确定的方式，那么我们就没有什么理由来辩护我们对[a]的选择，除了提出一个让人难以回答的问题：为什么不选它呢？不过这一条原则也不能过分强调：如果用字母[s]或者数目字[4]或者一个棕榈树的小图形——一旦我们在记音中明确地规定了它们的音值——来代表 palm“棕榈树”中元音的音

值，而人们觉得很方便，也很习惯，或者由于某种实用的目的，要求这样一种符号，那么它们也就能成为完全可以接受的语音符号。因为我们感兴趣的只是语音，而不是书面上的符号。

这并不意味着我们在符号的选择上可以不加任何考虑。现在已经有好几个广泛使用的语音符号系统；如果我们无视或者背离人们用惯了的符号，却打算选用一套全新的符号，那么熟悉原来那些字母的成千上万的人自然会受到一定的损害。让我再说一次，唯一稳妥的原则是使用上的便利和约定俗成。所以不论根据的是什么原则，我们要尽可能不背离美国语音学家已经确立的用法；不过，凡是在我们看来这用法有不一致的或不方便的地方，我们将毫不犹豫地提出我们自己的符号。学会了使用这儿所提供的符号的学习者，当他们在各种教科书中遇到别的语音符号系统时，会很容易地掌握它们，他只须要记住任何语音字母的重要之点不在于组成它的符号而在于这些符号所依据的分类的系统。

最后提醒一点：当我们确定一个语音符号的音值时，说它代表在某个词里的某个音，我们并不是说那个词的所有的发音都是一样的，甚至在同一个方言中或者在同一个说话人的使用下也都并非全是一样的。一般说来，一个语音符号的音值包括了一组或一类语音，它包括了一定数目的或多或少有着显著不同的语音。换句话说，我们的符号是用来代表**语音的范畴**，而不是代表个别的语音。

2.8　元音的分类

元音的基本分类是很容易做的。它有三个交叉的标准：以舌头的哪个部分作为发音动作者、舌头升高的高度和嘴唇的形状。

如§2.5(3)中所指出的，前元音是用舌面前以不同的高度升向硬腭而发出来的。法语 patte“脚爪”，par“被”和波士顿英语 calm“平静”，car“卡车”中的元音都是把舌头略微伸前，同时使整个舌头在口腔中保持尽可能低的位置而发出来的；我们管这种元音叫低前元音，并写成[a]。为了发法语 bête“野兽”，faire“做”里的元音，和伦敦英语 fair“市集”，there“那儿”里的第一个元音，舌面前要向前伸并向硬腭升高大约$\frac{1}{3}$的距离；这就是低中前元音，写成[ɛ]。如果发法语 été“夏天”和德语 See“海”里的元音，舌面前更向前伸并且向硬腭抬高大约$\frac{2}{3}$的距离；这就是高中前元音，写成[e]。最后，发法语 ici“这儿”，rive“岸”和德语 sicht“看见”，nie“决不”里的元音，舌面前往前伸并尽量抬高几乎贴到硬腭的前部，但还没有贴近到产生摩擦音的那种程度；这是高前元音，写成[i]。

说到这儿，我们已经在前元音中确定了四种舌位的高度：高、高中、低中和低。不过这四个点显然是一个连续体的某几个部分，而把这个连续体分成多少段总是任意的和人为的。把舌位的高度分为四等而不是三等或五等，唯一的理由是这个数目给我们提供了有效分类的最好的基础。在下文里，我们将谈到这四等之间的更小的等级；不过在目前，这四个点已经足以说明我们在工作中所依据的原则了。

请注意[i，e，ɛ，a]这四个元音发音时，两唇处于自然状态或舒展成扁平形；它们是非圆唇元音。

后元音是按照舌面后接近软腭的程度分成了四个等级。由于在比较熟悉的语言中，大多数后元音是以圆唇或唇化(也就是两唇撮敛)发出来的，所以我们先从圆唇元音谈起会更方便些。按四等的差别，我们区分了：伦敦英语 Tom“汤姆”，not“不”里的低后圆唇元音[ɒ]；伦敦英语 bought“买”，law“法律”里(同样在这些词的许多美国发音里)的低中后圆唇元音[ɔ]；法语 beau“美丽”和德语 rot 里的高中后圆唇元音[o]；以及在法语 tout 和德语 gut 里的高后圆唇元音[u]。

也可能以圆唇发前元音而以不圆唇发后元音，事实上，从普通语音学的观点看来，没有理由认为这特征跟某一组元音的联系会比另一组元音更自然些。前圆唇元音包括：法语 lune“月亮”和德语 kühl“凉”里的高[ü]；法语 peu“少许”和德语 böse“坏”里的高中[ö]；在法语 peur“恐惧”，peuple“人民”里的低中[ɔ̈]。([ɔ̈]是跟低前元音[a]相对的圆唇音[1]，虽然很容易发，但是在实际使用中还不知道在什么地方出现过。)比较熟悉的后非圆唇元音包括：cut“切”，run“跑”里的低中[ʌ]，某些地方(特别是英国)发 calm，father 里的低[ä]；高[ï](非圆唇的[u])和高中[ë](非圆唇的[o])也是很普通的，不过在比较熟知的语言的标准发音中却没有这两个音。

并非所有的元音都是以舌面前对着硬腭或者以舌面后对着软腭发出来的；还有一系列处于这二者之间的元音，它们是以舌头的中部(跟舌面前和舌面后部分重叠)对着口腔顶部的中间部分(跟

① 根据后面的表 1，跟[ɔ̈]相对的圆唇音应该是[ɛ]，此处恐有误。——译者注

硬腭和软腭部分重叠)发出来的。这些音叫作央元音。在[i]和[ï]之间的高央元音出现在俄语的 byl“他曾是”里;在[ü]和[u]之间的高央圆唇元音出现在瑞典语 hus“房子”和某些美国南部的 moon“月亮”,shoes“皮鞋”的发音里;在[ɛ]和[ʌ]之间的低中央元音出现在伦敦和波士顿英语 bird“鸟”,worm“蛆”里;而[a]和[ä]之间的低央元音出现在 calm“平静”,father“父亲”的最普通的美国发音里。

谈到这儿,我们已经得出了一个元音分类的系统,其中分出了 24 个元音的范畴:根据发音动作者分的有三组(前、央、后),根据舌位高度分的有四组(高、高中、低中、低),根据圆唇分的有两组(非圆唇、圆唇)。这 24 个范畴已经足以区别主要的元音类型;但是为了语音学的各种不同目的的要求,有必要作更细的区分。于是,我们根据舌位的高度又分出了三个中间组,在已经建立的四组中,每两组之间各有一组:在高和高中之间是次高;在高中和低中之间是正中;在低中和低之间是次低。(如果有必要,在这些连续的组里,高和低两组还可以明确地分别区分出最高和最低。)把我们的分类作了这样细致的区分以后,就使得元音范畴的数目增到了 42 个;用同样的标准再作进一步的细分,一般说来是没有必要了。

怎么样把所有这些音都在书面上标写出来呢?目前常用的语音字母表还没有一种提供 30 种以上元音符号的;而且有许多语音字母表已经是不必要的复杂和细致了。从最实用的目的来看,只需要用少数的字母代表几个主要的范畴;至于其他范畴的符号可以用由代表主要范畴的符号加上少数明确而又容易写的区别符号来表示就行了。表 1 是我们提出的符号。其中共有十四个基本字

母：七个是前元音（非圆唇），七个是后元音（圆唇）。为了标写前圆唇元音，我们用后圆唇栏里的字母而在上面加两点；至于后非圆唇元音，相反地，我们使用前元音栏里的字母加上两点来标写；不过对于这两组中的某些元音，我们也提出了一般常用的另一个符号。例如[ü]或[y]＝圆唇的[i]，而[ï]或[ɯ]＝非圆唇的[u]。对于央元音，我们还是用基本的字母而在上面加一点：前元音栏里的字母用作央非圆唇元音，后圆唇元音栏里的字母用作央圆唇元音。譬如[ė]是在[e]和[ë]之间非圆唇元音，而[ȯ]是在[ö]和[o]之间的圆唇元音。字母 i 本身已经有个点儿，我们就在 i 的半腰里画一条平行的短横来标写高和次高央非圆唇元音：[ɨ，ᵻ]。

对于这些符号，除了用起来方便以及有一定程度的逻辑上的一致性以外，我们不认为有什么特殊的优点。本书提出的某些元音的范畴，至今还没有被普遍接受的符号；对于某些其他的范畴，也有一些为人们所熟知的符号，不过并没有列在我们这张表里。

表 1①

	前元音		央元音		后元音	
	非圆唇	圆　唇	非圆唇	圆　唇	非圆唇	圆　唇
高	i	ü＝y	ɨ	u̇	ï＝ɯ	u
次高	ɪ	ʊ̈	ᵻ	ʊ̇	ɪ̈	ʊ
高中	e	ö＝ø	ė	ȯ	ë＝ɤ	o
正中	ᴇ	Ω̈	ᴇ̇＝ə	Ω̇	ᴇ̈	Ω
低中	ɛ	ɔ̈＝œ	ɛ̇	ɔ̇	ɛ̈＝ʌ	ɔ
次低	æ	ω̈	æ̇	ω̇	æ̈	ω
低	a	ɒ̈	ȧ	ɒ̇	ä＝ɑ	ɒ

① 这七等元音一般把它们叫作：高、高中、中、次低、低中、低。——译者注

表中列入了几对价值相等的符号是为了让学习者知道在别的地方也可能碰到这样一些符号；当学习者阅读其他语音学的文献时，还会碰到另外一些不同的符号。

在需要指出比我们所提出的42类更细微的不同的地方，可以在元音符号的后面加上一个形似小箭头的变换符。如果箭头指向左面就表示更靠前的一种元音，箭头指向右面则表示更靠后的一种元音，指向上面是表示较高的一种元音，指向下面是表示较低的一种元音。例如[ɪ^]表示比[ɪ]高一些的元音，但是还不到[i]那么高。

2.9 半元音

语音不仅在音质上有差别，而且在响度上也有差别。声音的响度主要决定于气流所通过的共鸣器的大小。譬如，低元音比以同样力气发出来的高元音更容易听清楚，而任何元音都比辅音响亮。所以在一般的话语里，语音的序列总是以一连串响度的高峰和低谷作为特征的。组成响度高峰的音叫作成节音；一段话语有几个成节音就有几个音节。

当一个元音单独发出来或者伴随着有一个或一个以上的辅音发出来时，这个元音往往是成节音。如果发两个元音时中间不带间隙(间断或停顿)，那么，或者每个元音分别构成不同音节的顶峰，或者两个元音同属一个音节。决定的因素一般是看重音的分布(参看§2.14)——是否每个元音都有一个重音，或者是否一个重音扩展到两个元音上。在后面一种情况下，其中总有一个元音更响亮一些，而作为音节的顶峰；另一个元音就是非成节音。在法语 pays[pei]“国家”里，这两个元音是两个不同音节的顶峰；在英语 pay[pɛɪ]“支付”里有类似的两个连续的元音，不过其中只有第一个元音是成节音。请再比较法语的 Raoul[ʀaul]“霍尔”(两个音节)和英语 fowl[faʊl]“鸡”(一个音节)，法语aérer[aeʀe]“通风”(三个音节)和英语 irate[aeɹɛɪt]“发怒的”(两个音节)。一个成节元音和一个非成节元音组合成二合元音。譬如在刚举出的英语的词里，[ɛɪ,aʊ,ae]组合成二合元音，但是在法语的词里，双音节的[ɛɪ,au,ae]的组合就不是。假如需要指明某一个符号是代表非成节元音，那么只要在那个符号下面加一个弧线作为区别符号就行了，例如[ɛɪ̯,aʊ̯,ae̯]；不过还请看下文。

如果我们考查大量的二合元音，我们就会发现在许多典型的二合元音里——如在 high“高”，how“如何”，hay“干草”，go“去”，boy“男孩”里——非成节音元音的舌位比成节元音的舌位高。从我们所谈的响度来看，这是并不奇怪的。对于舌位比边上的成节元音高的非成节元音，需要给它们一个专门的名称；我们就管它们叫半元音。比边上的成节元音舌位低的非成节元音(由于加在非成节元音上的重音较弱，因此它们的响度也较小)一般不用这个名称；例如伦敦英语 here[hiə]“这儿”里的非成节音[ə]和巴伐利安德语 guat(=gut)[gʊæ̇t]“好”里的非成节音[æ̇]。

半元音既可以在元音之前也可以在元音之后。yes“是”，you“你”和 well“好”，wall“墙”里的开首音一般看作辅音，而且事实上它们在英语结构中所起的作用跟[m]和[z]这样一些确定无疑的辅音的作用完全相同(请参看第三章)；但是根据§2.6中所下的定义，按照我们所选择的标准，它们应该是元音。由于它们是非成节音，而且在各种情况下都比边上的成节元音的舌位高，把它们看作是半元音是再恰当也没有了。

半元音的舌位不仅比边上的元音高，而且几乎总是更靠前或更靠后。半元音的唇位可以跟元音的唇位一样(如在 yes，woo“求爱”里)，也可以不一样(如在 you，well 里)。根据这些不同的可能性，我们把所有的半元音归为四类，而且每一类给一个总的符号：[j]，比边上的元音的舌位高而且更靠前，唇不圆；[ɥ]，舌位跟[j]的情况相同，但唇圆；[J]，比边上的元音的舌位高而且更靠后，唇不圆；[w]，舌位跟[J]的情况相同，但唇圆。

这些定义明白地表示像[j]这样一个符号并不总是代表舌位高度绝对相同的半元音。凡是在高前元音或次高前元音之前的 year“年”里的[j]，发音的时候必须把舌面前抬得很高并且往前伸；凡是在低后元音或低中后元音之前的 yawn“打哈欠”里的[j]，发音的时候舌面前可以相对地低一些并且少往前伸些。同样地，发 woo 里的[w]，舌面前必须抬得相当高而且往后缩，唇是圆的；而 well 里的[w]，舌位就不需要这么高、这么后，也不需要这样强地唇化。

[j]不仅出现在 yes[jɛs]，yawn[jɔn]或法语 yeux[jö]“眼睛”，fier[fje]这些词里，而且也出现在 hay[hɛj]，high[haj]，boy[bɔj]这些词里的元音之后；如上所述，这些二合元音的非成节音成分都是半元音。[ɥ]出现在法语 huit[ɥit]“八”，lui[lɥi]“他”，tuer[tɥe]“杀”里，而且也出现在德语 Eule[ɷɥlė]“猫头鹰”，Beutel[bɷɥtėl]“口袋”里的舞台发音中。[w]出现在 wet[wɛt]“湿”，wool[wʊl]

“羊毛”里和法语 oui[wi]“是”，Louis[lwi]“路易”里，也出现在 how[haw]“如何”，go[gow]“去”和德语 aus[ɑws]“出去”里。后非圆唇半元音是很少出现的。

半元音也有无声的和有声的两种；请参看 § 2.5(5)和 § 2.10(4)。无声的[j](我们可以在 j 的半腰儿里加上一条短横线或者用任何别的方便的符号来代表这个音)常常在 hue“色彩”，huge“巨大”里听得到，也可以在 pew[pjʊw]“板凳”，cute[kjʊwt]“聪明的”里的无声辅音之后听到。无声的[w](我们通常都用[ʍ]这样一个特殊的符号来代表这个音)出现在 why[ʍaj]“为什么”，whale[ʍɛjl]“鲸鱼”的某些发音中，也出现在 twice[tʍajs]“两次”和 quick[kʍik]“快”里的无声辅音之后。

除非由于某种原因要求十分精确地标出半元音的高低，我们才用[i̯,u̯]这样一类符号，不然的话，在任何情况下我们都宁愿用上面所介绍的那几种半元音的符号。

2.10　元音的进一步分析

在 § 2.8 里，我们根据舌位和唇形给元音作了分类，而且得出了一个包括 42 个范畴的系统。不管什么元音都可以归到其中某一个范畴中去，而且可以用表 1 中所列的某个符号或用价值相等的图形来标示；可是，这决不是说我们的分类已经把元音变化的一切方式都穷尽了。这一节的目的就是要进一步举出几种比较重要的元音的变化，并且提出在书面上标示它们的方法。

(1)鼻化。§ 2.5(4)中关于软腭的描写告诉了我们，用舌头的任何部分或用双唇所发的语音——也就是任何元音——都可以用两种不同的方法发出来：**口腔的**，软腭抬高把通向鼻腔的过道闭住；**鼻化的**，软腭下垂让气流能通过鼻腔。如果像发元音那样，口腔的通道不受阻塞，那么在前一种情况下，气流全部通过口腔；在后一种情况下，气流一部分通过口腔，一部分通过鼻腔。

鼻化元音在许多语言中是非常普遍的。鼻化的程度有大有小，它可以从轻微的“鼻尾音”（如 man“人”里的元音，拿它跟 bad“坏”里的元音比较一下，就会感觉得到）一直到强烈的元音共鸣，如法语的 vin“酒”，cent“一百”，pont“桥”，un“一”。元音的鼻化是用字母下面的钩来表示的，如[ą]。

（2）**卷舌**。前元音是用舌面前形成的，后元音是用舌面后形成的，央元音是用在这二者之间并与二者重叠的部分形成的。当这些发音动作者活动的时候，舌尖一般是被动的，它位于下前齿之后并贴近口腔的底部。不过，正如§2.5（2）中所指出，舌尖也可以独立活动，所以在发任何元音时都可以用舌尖向上齿翘起，甚至朝着齿龈边或硬腭卷起来。这样形成的元音叫作卷舌元音。卷舌元音是在字母的下面加一点来表示的，如[ạ]。

卷舌元音出现在许多美国英语的发音中（除了新英格兰东部以及老南部的一部分地区），如在 hard“硬”，board“板”，poor“可怜的”这样一些词里。其中最普通的是 bird“鸟”，worm“蛆”等词里的中央卷舌元音；对于这种元音，许多语音学家用一个特别的符号[ɚ]来表示。

（3）**紧张**。英语 see“看见”和法语 si“假如”里的元音都是高前元音，所以二者都可以写成[i]；同样地，英语 do“做”和法语 doux

“温柔”里的元音都可以写出[u]。然而在英语的元音和法语的元音之间还是有一些不同的地方;其中最主要的是,在发法语的元音的时候,发音器官中的肌肉显然更紧张些。这是大多数法语的元音跟英语中最近似的元音对比的特点:凡是在英语中唇、舌以及其他器官多少放松了一点的地方,在法语中它们却总是紧张的。甚至就在英语中,有些元音也比另外一些元音更紧张些;例如 feel“感觉”和 fool“笨人”里的元音比 fill“填充”和 full“充满”里的元音不仅高一些、长一些以及有些二合元音化,而且发的时候,肌肉更加紧张一些。

在有必要的时候,紧元音和松元音可以用字母下面的对比的区别符号来标明——譬如用一个缺一边的小正方形,缺口朝下的是紧元音,缺口朝上的是松元音。

(4)声。在§2.5(5)中,我们看到几乎所有的音都可以用不同状态的声带发出来,以此可以区分有声的音或无声的音、私语音或耳语音。元音是典型的有声的音(参看§2.6);可是除了在某些不正常的情况下使用私语和耳语以外,无声元音在许多语言中也起着一部分作用。凡是跟一般的有声的音不同的元音的喉头变化,可以在字母的下面或右面用一个区别符号来标明;对于无声的音,我们建议在字母的右下方写上一个小的倒 v,如[ɑ$_{\wedge}$]。

在§2.5(5)中,我们曾经把辅音[h]描写为喉头摩擦音,而且在§2.11 中我们也还是这样分类的。不过,[h]这个辅音也可以换一种说法,把它说成是无声元音,甚至于可以说成是一切无声元音的总的术语。(请注意在 he“他”,ham“火腿”,hoe“锹”,who“谁”这些词里,[h]的舌位和唇形几乎或完全跟它后面的元音一样。)我们之所以不把[h]当作元音而把它当作辅音看待，是由于实用的目的决定的。

2.11　辅音的分类

在§2.4中，我们区分了四种基本的辅音类型，即闭塞音、摩擦音、边音和颤音。在§2.5中，我们看到这些类型的音可以用在不同位置上的五种器官来发音。把这两种分类的原则结合起来，我们就有了一个简明的方法来区别主要辅音的范畴。

除了喉头闭塞音以外，所有的辅音都可以是有声的也可以是无声的，可以是口腔的也可以是鼻化的。在鼻化的辅音里，鼻化的闭塞音占据了特殊重要的地位，因为它们出现得频繁，而且跟相应的口腔的音在音响上的差别特别大。在多数的鼻化音中，气流一部分通过鼻腔，一部分通过口腔；可是如果口腔通道完全阻塞，软腭下垂使通向鼻腔的过道开放，那么整个的气流就从鼻腔流了出去。因此，我们可以把鼻化闭塞音单独分成一类，叫作**鼻音**，跟闭塞音、摩擦音、边音和颤音平行。

表2概括了辅音的基本分类。表中横的五行相当于刚才说的五种发音类型；表中竖的五栏把这些类型按它们的发音器官分为：下唇、舌尖、舌面前、舌面后和声带。由这些横行和竖栏交叉构成的25个格子，其中只有21个格子是真正重要的；因为没有一个颤音可以用舌面前发出来，也没有任何一个鼻音、边音或喉头以上的颤音可以用声带发出来。另一方面，有的格子却包括好几类语音。

表 2

	唇	舌　尖	舌面前	舌面后	喉　头
闭塞音……	pb	td	cɟ	kg	ʔ
摩擦音……	øβ,fv	θð,sz,ɹ̯ɹ	šž	xɣ	hɦ
鼻音………	m	n	ɲ	ŋ	无
边音………	ɹ	l	ʎ	ʟ	
颤音………	ᴙ	r	无	ʀ	

这张表还提供了一套语音符号，各类音可以用它们来标写。在第一行和第二行中，每对符号表示同一类音中无声和有声的音。（由于喉头闭塞音按照定义是绝对无声的，这一个符号就没有配对的了。）在其余三行中，每一个符号都只表示有声的语音；无声的音可以加一个 §2.10(4)中所提到的无声的区别符号来表示，或者在字母的半腰儿里画一条短横线来标明，如[ɫ]表示无声的[l]。在唇边音和唇颤音的格子里，我们也列入了符号，这只是为了理论上的完整；实际上，这类音在任何已知的语言中是根本不用的。

在唇摩擦音的格子里有两对符号：[φß]是双唇摩擦音，[fv]是唇齿摩擦音。在舌尖摩擦音的格子里有三对符号：[θð]是长条形的摩擦音（一般是齿音），[sz]是以舌叶形成的槽形的摩擦音；[ɹ̯ɹ]是以舌尖形成的槽形的摩擦音；请参看 §2.5(2)。

这个表所分的类包括了所有可能发出的辅音，但是它们只代表了一些主要的类型。譬如，在舌尖闭塞音的类里就包括了英语 too“也”的强吐气的齿龈音[t]，法语 tout“都”的齿音[t]，甚至包括作为感叹声而拼写成 tsk tsk 的吸气音，它用来表示稍许的同情或者非真情的怜悯。人们必须了解，我们分出来的这些类总是包括无数的各种不同的音，不管我们把每一个类分得怎样细，最后我们分出来的类还是可以作进一步的分类。这同一条原则也适用于这儿所提供的语音符号的用途，或者任何其他符号的用途。没有一个语音字母表可以给每一个语音都设计一个符号；即使大致接近这种程度的字母表也会是累赘不堪的。我们所需要的是有足够的符号来区别主要的辅音类型；在需要区别同一类型的两种或两种以上不同的音的地方，只要设法修改基本符号或者加上区别符号就行了。

表2里的每一个竖栏相当于一个发音器官。如上文所指出的，其中前四个发音器官可以接触或接近几个不同的发音点；譬如舌尖可以抬向上齿的边缘或上齿背，也可以抬向齿龈或硬腭。最好有方法来区别同一个发音动作者在不同位置上所形成的同一类型的若干个音。为了这个目的，我们推荐两个加在字母下面(或者加在字母的上面，只要这个位置合适)的区别符号，弧线[̮]表示发音动作者在最靠前的位置上形成的音，点[̣]表示在最靠后的位置上形成的音；在中间位置形成的音不需要特殊的记号。譬如[t̮]表示无声齿(齿间或齿后)闭塞音，[t]表示齿龈闭塞音，[ṭ]表示翘舌闭塞音。舌面前那一栏中的符号也可以用同样的方法来代表前硬腭、中硬腭和后硬腭三种音；不加区别符号的唇音符号表示双唇音，加一点的表示唇齿音，加弧线的表示用撮敛的双唇所发出的辅音，如法语中不同于 pire“最坏”的 pure“纯洁”里的[p̮]。(唇齿摩擦音不用[ɸβ]加点，而用一般的字母[fv]更加方便。)虽然声带不能在更靠前或更靠后的位置上发音，同样的区别符号也可以用于[ʔ]和[hɦ]，以便分别表示咽头音(因为这个音是在喉咙里较高的

部位形成的，虽然用的是不同的器官）和喉头音（由于整个喉头后缩而形成的音）。

用了这些区别符号以后，表 2 里所包括的辅音类的数目就增加了三倍。我们还要再加一条横行，这样就更增加了辅音类的数目。

当通过的气流引起喉头以上的某个器官颤动的时候（参看 § 2.4），这颤动可能短到只是轻轻地闪一下，而不是一系列的闪动，后者就是我们认为组成颤音的动作。那种轻轻地一闪的音就是闪音。齿龈闪音在伦敦英语 very“很”，marry“结婚”和类似的词中可以听到，而在美国英语中，发 Betty“贝蒂”，matter“事务”这种词的[t]时也往往可以听到。在世界上各种语言中，闪音经常出现，这就不妨包括到我们扩大了的表中作为一个单独的类。它们可以用一个区别符号——譬如说上加数字[^{1}]——加到颤音符号上来表示。

舌尖闪音跟舌尖闭塞音[t]或[d]的重要差别，在于舌尖闭塞音是用舌尖上部的表面（舌叶）接触口腔顶部来形成的，而[r^{1}]是用舌尖的反面在接触时碰到牙齿或齿龈而形成的。

表 3 是表 2 的扩大版，但是在原则上跟表 2 没有差别。由于根据典型的发音点将每一个基本栏作了进一步的分类，栏的总数增加到 15；行的数目由于增加一条单独表示闪音的横行而增加到 6。喉音这个术语是用来包括所有产生在喉咙里的咽头音、声门音和喉头音的概括性的术语。表中的格子里是空着的，这些格子可以用表 2 的 36 个符号——单独地以及用本节所建议的区别符号组合在一起——来填满。

表 3

	唇			舌尖			舌面前			舌面后			咽喉		
	撮唇	双唇	唇齿	齿	齿龈	翘齿	前硬腭	中硬腭	后硬腭	前软腭	中软腭	后软腭	咽头	声门	喉头
闭塞音……															
摩擦音……															
鼻音………															
边音………															
颤音………														无	
闪音………								无							

2.12　成节辅音

正如元音并不总是音节的高峰(参看 § 2.9),辅音也是这样,当它比前后的别的辅音更响亮,或者当它的前面或后面有停息时,它可能是成节音。例如,在 apple“苹果”,rhythm“韵律”,button“纽扣”的一般发音中,每个词的第二个音节都没有元音;辅音[l,m,n]比前面的闭塞音或摩擦音更响亮,当然比后面的停息就更加响亮了,这些辅音就是音节的高峰。**成节辅音**最通常是鼻音、边音或颤音;不过几乎任何辅音都偶尔可以是成节音。成节音[s]在感叹词 pst 里出现。在 Howdy do[hawd d̯uw]“麻烦事儿”的一般松弛的发音中,第一个[d]往往组成单独的音节。在需要的时候,成节辅音可以用加在字母下面的小圆圈来表示,如[n̥]。

下面这个经验可以看成是可靠的规律:假如一个元音和辅音出现在同一个音节里,成节音总是元音而不是辅音。譬如,在

beckon“招手”这个词里，如果任何一个元音插在[k]和[n]之间——不管这元音是多么短或多么轻——音节的高峰总是那个元音，而不是辅音[n]。

2.13 辅音的进一步分析

跟元音的情况一样，我们给辅音所作的基本分类，也远远不能把这些语音所可能有的变化全都一一列举出来。把所有的辅音分为有声的和无声的，又分为口腔的和鼻化的，这些已经在§2.11中提到了。此外，§2.10中有关肌肉紧张的说明，不仅适用于元音，同样也适用于辅音。凡是发音的时候，用的力气比较强而肌肉又比较紧张的辅音就叫作**强音**；反之，用的力气较弱而肌肉又不太紧张的辅音就叫作**弱音**。在书写上，它们可以用标写强元音和弱元音的同样的区别符号来加以区别。

本节以下的各部分将讨论关于描写辅音的四种进一步的标准。第三种和第四种专门用于闭塞音。

(1)**协同发音**。通常描写一个语音时，只描写直接与发这个音有关的器官的动作或位置，而不说明其他器官随同的动作。譬如我们描写calm“平静”和crude“粗糙”里的[k]，只说明舌面后抵住软腭的中央部分形成封闭，软腭抬高，声门打开。可是当舌面后做这些动作的时候，其他的器官——唇、舌尖和舌面前并不是闲着的。它们各自都处于一定的位置或者做一定的动作；如果对[k]或别的任何音作完整的描写，那就要求我们把所有的器官都加以说明。当然，在很多情况下，与主要发音无关的器官的位置，对音响的效果影响不大，姑且可以当作“中立的”或“消极的”器官，不作描写也没有多大的妨碍。可是有的时候，其中一两个器官的动作对于发出来的语音也往往有显著的影响，而且有区别各种变体的作用，否则这些音就会是相同的。

这可以用 calm 和 crude 里的两个[k]做例子来说明。这两个[k]的主要的发音是以同样的方式形成的；但是其他器官的协同动作——它们可以叫作次要的发音或协同发音——显然是不同的。为了发 calm 里的[k]，唇分得相当开(但不圆)，舌尖在下前齿后面接近口腔的底部，舌面前往下压；所有这些位置都准备迎接后面元音所要求的发音。为了发 crude 里的[k]，唇略圆并向前伸，舌尖抬起或向后卷，舌面前略微抬起；这些位置也都准备迎接后面的音，即[ɹ]和元音的发音。学习者要考察在协同发音中这些差别的实际情况，就得单独发这两个[k]：尽可能自然地开始说这两个词，可是刚一发出了开首辅音就立刻停住。

协同发音的差别并不总是由于迎接后面不同的音而产生的。伦敦英语中(大多数美国英语的方言中不这么明显)，lull“暂息”或 little“少”里的两个[l]由于舌面前和舌面后的协同发音而产生了明显的差别，虽然二者的主要发音都是齿龈边音。为了发元音前的[l]，舌面前略微抬向硬腭而舌面后在硬腭后面向下倾斜；舌头的外形，从舌尖到舌根是一个不太弯的弧线。为了发词尾的[l]，舌面前略微往下压而舌面后抬向软腭；舌头的外形像两个山峰之间的浅的山谷。德语的在所有位置中的[l](如在 leben“生活”，voll“满”里)跟英语这两种[l]之不同，在于舌面前更靠近硬腭。

我们把协同发音分成了六个大类，这将有助于辅音的描写。发音时，两类或两类以上的协同发音可以同时发生。为了表示这种特征，最简单的方法是在字母的右下方加一个标示协同发音的某个符号；在下文中我们将提供适当的符号。

唇化。除了唇音以外的任何音都可以加上圆唇或者唇化的动作（参看§2.8）。[t_w]＝唇化的[t]；同样地，[i_w]＝唇化的[i]，这种元音的唇比[i]的更圆，但不如[ü]的圆。假如需要指出通常以圆唇发出的音不圆唇（非唇化）的时候，可以将右下角的符号[$_w$]颠倒过来。

卷舌。除了舌尖音以外的任何音都可以加上把舌尖抬高或卷起的动作（参看§2.10）。[k_r]＝卷舌的[k]。（同一个符号也可以用来表示卷舌元音，代替在§2.10中所推荐的写在字母下面的点。）

硬腭化。除了舌面前（硬腭）音以外的任何音都可以同时把舌面前向硬腭抬起；抬高的程度可以分成几等。[p_J]＝强硬腭化的[p]，[p_i]＝弱硬腭化的[p]，[l_i]＝德语的[l]，[l_e]＝伦敦英语 let 里的[l]。

软腭化。除了舌面后（软腭）音以外的任何音都可以同时将舌面后向软腭抬起，同样地，抬高的程度也可以分成几等。[b_x]＝强软腭化的[b]，[b_u]＝弱软腭化的[b]，[l_u]或[l_o]＝伦敦英语 tell "告诉"里的[l]。

咽头化。除了咽头音以外的任何音都可以同时加上咽头紧缩的动作。[m_q]＝咽头化的[m]。

喉头化。除了喉头音以外的任何音都可以加上喉头紧缩的动作，这种动作是由于收紧声带下面和周围的肌肉而产生的。[tₕ]＝喉头化的[t]。表 3 中列为喉头的语音可以更严格地描写为喉头化的声门音。

(2)间隙程度。发摩擦音时，裂缝(参看 § 2.4)的宽窄在程度上可以有所不同，这样就使得流动中的气流在通过裂缝时产生较大或较小的摩擦。发英语[s]的槽形的裂缝一般是窄的，流动中的气流的强烈的摩擦连同这股气流在碰到下前齿边缘时发生的破裂，使得[s]这个音具有一种特有的嘶音。另一方面，英语[ð]的长条形的裂缝一般都比较宽，以致这个音往往听不到大的摩擦。(丹麦语[ð]音的摩擦甚至更小。)[l，ʎ，ʟ]边上的裂口也可能窄一些或者宽一些；甚至于发颤音时，在口腔顶部和发音动作者(颤动的舌尖或悬在舌面后上面颤动的小舌)之间也可以有不同程度的裂缝。在许多语言中，边音带有摩擦是很普通的；捷克作曲家 Dvořák“德沃夏克”的名字里的摩擦颤音对我们很多人是熟悉的。因此，所有这些类的音——摩擦音、边音和颤音——可以根据发音器官和发音点之间相对的距离再分为窄的和宽的两类音。当然，可以承认这种区分是相当任意的，而且在两类音之间不能划出一条明确的界线，这也要由实际的用途来确定我们的分法。

这两类音可以用区别符号来分别。我们建议在字母的右上角用一个小的加号[⁺]来表示窄的音，在同一个位置上用一个小的等号表示宽的音。为了避免记音时加满了一些繁杂的记号，我们建议不要随便使用这些区别符号，除非摩擦的程度有特别重要的意义，或者这种摩擦的程度跟所记的语言中原来那个符号所表示的摩擦程度不同。譬如，英语的摩擦音[s]用字母的本身就足以表示它的特点了;只有特别强的或者特别显著的摩擦音,我们才用[s⁺]表示,或者在某些语言中[s]通常都是宽的摩擦音,也才可以用[s⁺]表示。

如果在某种语言里,边音或颤音的宽窄两类音经常出现,特别是它们之间的差别很重要的时候,那么,用一个特殊的符号表示窄的一类音就行了,不一定非得用上面所提出的那一对符号。任何符号都可以用来标这类音,只要它们不用于别的目的,而且要仔细地规定它们所代表的音值。

(3)内部闭塞。在我们发闭塞音的时候,气流在短时间内(或较长时间)被封闭在喉头或口腔里。有一个重要的现象通常被人们认为是很自然的,因而也就被人忽略了;这就是,在封闭空气的气室内有一种跟外部闭塞一样的内部闭塞。在最常见的闭塞音中,这种内部闭塞是在肺的底部,这气室的空间包括从横膈膜到外部闭塞所在的发音点。不过这并不是唯一可能有的大气室。如果把喉头闭塞同时也把口腔封闭,那么气室的距离就减少到由喉头到发音点;如果在口腔里同时有两处封闭——一处在舌面后,另一处在舌面前、舌尖或双唇——那么,把气室的体积就缩得更小了。

在肺的底部有内部闭塞的闭塞音叫作肺闭塞音;在声门那儿有内部闭塞的闭塞音叫作声门闭塞音;在舌面后和软腭之间有内部闭塞的闭塞音叫作软腭闭塞音。

外部闭塞可能由于受到压力或吸力而破裂。(关于除阻的类型请参看下面的(4)。)封闭住的空气可能由于受到内部闭塞点上的器官朝上或向前的活动而被压缩,于是当外部闭塞破裂时,口腔里就有一小股气流破裂出来或挤压出来。有的时候，封闭住的空气由于受到内部闭塞点上的器官朝下或向后的活动而变得稀薄了，于是当外部闭塞破裂时，就有一小股气流冲入口腔内。因此，我们把闭塞音分成了外压闭塞音和内吸闭塞音。

在日常的言语中，英语的[p,t,k,b,d,g]全都是肺外压闭塞音：封闭住的空气被横膈膜向上的动作所挤压。在发[p,t]等音的时候，朝里面吸气就形成了肺内吸闭塞音；有时用吸气的方法说O. K.“行”，这样就形成了肺内吸闭塞音[k]。声门外压闭塞音（一般简称为声门化闭塞音）是由下述的动作形成的：声门和口腔同时闭住，然后在上述两处封闭保持接触的时候，把整个的喉头抬高。声门化闭塞音不可能是有声的。声门内吸闭塞音（有时叫作内破裂音，这个名称容易引起误会）跟形成声门外压闭塞音的方式相类似，不过不是抬高喉头而是降低喉头，它们也许是有声的，也许是无声的。（在有声的音中，声门闭塞的动作被有声的音所要求的声门紧缩的动作所代替。喉头下降的速度足以使声门以上气室内的空气变得稀薄，尽管在颤动着的声带之间流出了一小股来自肺部的空气。）软腭外压闭塞音是很少的；它们由下述的动作形成：在舌面后的闭塞和外部闭塞都保持不变的同时，把舌面后朝前推。软腭内吸闭塞音就是有名的吸气音，它是把舌面后往后缩，同时也保持舌面后和外部的闭塞不变而形成的。除了对于说某些南非洲语言的人以外（在那些语言里，吸气音当作一般的语音），大家最熟悉的吸气音是双唇音，接吻声；其他的吸气音偶尔被说英语的人用作感叹词（如 tsk tsk“叱马声”）。请注意，在发软腭闭塞音的时候，呼吸一直不受阻。

肺外压闭塞音就用原来的字母如[p,b]等标写。其他所有的类型都可以在字母的右上角加上一个区别符号来表示:[$p^{>}$]=肺内吸闭塞音;[p']=声门外压闭塞音或声门化闭塞音;[p"]=声门内吸闭塞音或内破裂音;[$p^{\vee}$]=软腭外压闭塞音;[$p^{\wedge}$]=软腭内吸闭塞音或吸气音。

虽然这个分类对于闭塞音的描写最有用,但是它也同样适用于摩擦音,而且至少在理论上同样适用于其他辅音。

(4)**除阻**。当一个闭塞音的外部闭塞破裂时,发音器官可能立刻而且利落地从发音点收回,而下面的音可能同闭塞的除阻同时开始,如在法语中那样。这叫作**急剧除阻**,它跟其他类型的除阻相对立,后者是在闭塞音和跟随着的元音或辅音之间有着各种不同的过渡音。标示各种类型的除阻的区别符号是加在闭塞音符号的右上方的。

吐气音。在形成肺外压闭塞音的时候,对于封闭住的空气的压缩可能很小(这样就只会产生很弱的破裂),也可能相当大;压缩的程度当然决定于横膈膜所加压力的大小。当压力大的时候,闭塞的除阻后面跟着一股冲出的气流,它往往被描写为"一股气"。这就是**吐气音**。以这样一种方式形成的闭塞音是**吐气的**闭塞音。吐气音既可以跟在有声的闭塞音之后,也可以跟在无声的闭塞音之后,不过更多的是跟在无声的闭塞音之后;吐气的强弱可以分成几等。[t']=吐气的[t],[t^{h}]=吐气特强的[t];[$t^{=}$]=非吐气的[t],不过这个符号只有在需要指出通常是吐气的而现在是非吐气的时候才用。(在上面(2)里,[$^{=}$]这符号是用来标宽音的,以便和窄音区别开来。这两种用法决不会引起任何混乱,因为在右上角加上这区别符号的符号本身会让我们知道这区别符号指的是宽的间隙还是非吐气。)

对有无吐气的简便的考察,就是低声地说一个含有待考察的音的词,并且把手背放在离嘴唇约一吋的地方。如果这个音是吐气的,就会明显地感到有一阵风或一股气吹到手的皮肤上。试把这个考察法运用于英语 pool“水池”,tool“工具”,cool“凉的”中的闭塞音,而且把这些音跟 spool“线管”,stool“凳子”,school“学校”中的闭塞音比较一下看。

塞擦音。如果发音器官从发音点慢慢地收回,那么在闭塞和完全除阻之间就有一个短时间的收缩;这样,封闭住的空气就在通过裂缝时,产生了一个跟闭塞音同器官的摩擦音(也就是用跟发闭塞音相同的器官在同一个发音点上发出来的摩擦音)。这种带有摩擦的除阻就是塞擦;闭塞音和跟在后面的同器官的摩擦音的组合就是塞擦音。塞擦音的精确的音质可以用跟它相当的摩擦音符号作为区别符号来表示:[p^{ϕ}, p^{f}]=两种不同的塞擦的[p];[b^{β}, b^{v}, t^{θ}, t^{s}, $t^{\check{s}}$, d^{z}, k^{x}]之类的符号=各种塞擦音。所有塞擦音的概括性的符号是在右上角加一个加号:[p^{+}, b^{+}, t^{+}, d^{+}]等。(关于这个区别符号用于两处会不会产生误会,请参看上面关于[$^{=}$]的括弧中的说明。)不过最好还是用一个单个儿的符号来代替这些上加符号加上原来符号的各种组合。任何符号只要在这个标音系统的其他地方没有用过,都可以用于这个目的。譬如在表 2 中作为无声舌面前闭塞音的[c]往往用来表示[t^{s}]或[t^{+}]的音值。

鼻腔除阻。当空气封闭在外部闭塞和除了软腭以外的任何内部闭塞之间,软腭必须提高,否则空气会潜入鼻腔。在肺外压闭塞

或声门外压闭塞形成的过程中，如果在外部闭塞除阻之前软腭就下降了，破裂就会在鼻腔内发生使气流由鼻孔里流了出去。这种鼻腔除阻可以用[^{N}]来标示：[t^N]＝鼻腔除阻的[t]。在英语中，当闭塞音后面跟着一个同器官的鼻音，这个闭塞音往往通过鼻腔除阻，如在 topmost[-pm-]“最高的”，button[-tn̥]“扣子”，madness[-dn-]“疯狂”里；不过这儿的鼻腔除阻不需要特别标出，因为它已经由跟在后面的辅音标出来了。

为了使自己确信在某个位置上的除阻的确是鼻腔的，学习者最好在发 Hottentot [-tn̥t-]“豪敦族”[①]这个词的时候，用一面镜子观察一下舌位。从开始发第一个[t]到第二个[t]的末了，舌尖始终跟齿龈保持接触；第一个[t]的除阻是通过鼻腔的，学习者在发这个词时捏住鼻孔就可以自己证明这一点。

旁边除阻。当发音器官在中间抵住口腔的顶部，外部闭塞可以通过旁边的开口除阻。**旁边除阻**可以用加在右上角的[^{L}]来标示：[t^L]＝旁边除阻的[t]。这种除阻在发英语[l]前的[t，d]时是很平常的，如在 atlas“地图”，oddly“奇怪的”中；不过在这儿它也不需要特别加以标示。学习者可以用以下的方法来证明旁边除阻：在发 addled[-dl̥d]“腐败的”的时候，仔细观察舌头的动作，你就会发现从发第一个[d]一直到词的末了，舌尖始终是抵住齿龈的。在描写一种语言时，其中的[t^L，d^L]这一类音如果不是由于后面有边辅音才产生的，一般就把这类音叫作边塞擦音。我们往往用一个希腊字母[λ]来代替[d^L]这个符号。

① 南非洲的一个民族。——译者注

还可以有别种除阻，它们也可以用类似的方式来标示。有时候两个闭塞音连在一起，有必要指出第一个闭塞音是单独地除阻的（如法语 acte“动作”里的[k]），还是非除阻的（如一般发英语 act“动作”中的[k]）。前者可以写成[k¹]，后者可以写成[k⁰]，如在[ak⁰t，æk¹t]中。非除阻闭塞音的区别符号也适用于区别收尾的闭塞音，这种闭塞音的封闭一直维持到发音的终了，英语中常有这类音，例如 Help！“救命！”有时是[hɛlp⁰]有时是[hɛlp¹]。

在闭塞辅音中，我们区分了各种不同的除阻，同样的，我们也区分了各种不同的成阻，也就是开始封闭的各种不同的方式。一般说来，成阻的种类相当于刚才描述的除阻的种类，因此不需要作进一步的说明。它们可以加一个适当的区别符号来标示，这符号加在字母的左面而不是右面。成阻的一个重要的特殊种类是前吐气音，就是紧接在封闭之前有一个很短的吐气：[¹t]＝前吐气的[t]。

2.14 超音质特点

到目前为止，我们已经考察了一个个孤立的语音。可是在实际言语里，并不仅仅是一个个元音和辅音，按照一定的次序先后排列起来就了事了。除此而外，每一个音在音长上、响度上和音高上还有一些特殊的变化——跟音段的语音一样也是话语的一部分，而且在许多语言中跟音段的语音同样的重要。这些变化组成了音量（音长）、音势（音响）和声调（音高）的超音质特点；后二者一般合并起来作为重音的特征。在这一节的末了，我们将简短地谈谈跟音渡有关的现象。

(1)音量。习惯上总谈到长元音和短元音或者(对于某些语言)长辅音和短辅音;但是从纯粹语音学的观点看来,这种分法既不可能也跟事实不符。在最短的短元音和最长的长元音之间有无数等级的连续的系列。在有些类似的情况下——譬如元音依舌位高低所作的分类中(§2.8)——有可能按照任意选择的某些标准把一个连续体分成实际有用的几小段;可是在音长方面还没有制定出普遍适用的分类标准。然而,元音和辅音的音长又的确是许多语言的一个重要的特征,因此我们必须找一个方法来区分长短。要区分语言的长短,必须注意:当我们按音长区别语音时,我们总要记住采用这个分类系统的特殊目的;如果我们对于语音学的准确性或者对于归类的普遍性并不认为是绝对的,那么,我们在语音长短的区分上,也就能跟我们在分析元音的音质或者分析任何其他特征一样,有效地进行。

由于不可能作出一个普遍适用的语音长短的分类,因而也就没有必要专门提出一套术语和符号来。为了某一个目的,只区分长短两类也就够了;为了另一个目的,可能需要分出五类:最长、长、半长、短、半短。如果记音时,只要标出两类音,那么,按照一般的习惯,短的语音不需要标记,只要在字母的右上角加一点来标记长的语音就行了,如[a·,m·]。

(2)重音。刚才我们谈到关于区分音长等级的困难的情况,对于音势和声调也是一样的。在任何言语社群里或者在任何一个说话人的发音中,响度的客观的等级和音高的等级总是一个无数等级的连续系列。这连续体如何断开,音势或声调要分成哪些等级,以及在记音中用什么标记，在任何情况下都要看如何使语言描写更经济以及我们描写的特殊的目的来决定。

譬如，要描写孤立的英语的词并不需要标上声调，但是我们必须区分若干个音势的等级；在第一个音节上有较响的音势的 import“输入，名词”跟第二个音节上有较响的音势的 import“输入，动词”在意义上是不同的，但是这两个词不论用升调或降调发出来，都指的是同一个词。要描写日语的词，我们需要区别的只是较高和较低的声调，但是在音势上却没有分别；平调的［hana］意思是“鼻子”，在第一个音节上有较高的声调的是“开始”，在第二个音节上有较高的声调的是“花儿”。要描写挪威语的词，我们必须既注意音势又注意声调二者，axel“肩头”和 axel“轴”的音势是一样的，但是在音高的升降曲线上却是不同的。最后，如果要描写法语的词，我们可以不管这两类重音。

音势的等级主要决定于空气从肺里排出时所用的力量的大小，其次决定于发音动作所用的力量的大小，决定于肌肉的紧张程度以及其他的特点——有时候也部分地决定于声音的高低。为了标示不同等级的音势（“响”、“次响”、“强”、“弱”等），我们通常在书写中把一个短竖加在重音音节开始之前的上角或下角；不过有时把重音符号加在元音字母的上面：elevate［ˈɛləˌvɛjt］或［ɛ́ləvɛ̀jt］“升高”，discrimination［dɪsˌkɹɪmɪˈnɛjšn̥］或［dɪskɹɪ̀mɪnɛ́jšn̥］“区别”。

如在 § 2.5(5) 中已经说明的，音高决定于声带的紧张程度以及由此而产生的振动率。虽然音高在英语的孤立的词的结构中不起作用，但是它在英语语法中却十分重要。试比较：He’s out!“他出去了！”这个句子在句末带有降调，He’s out? “他出去了？”

在句末带有急剧上升的调子；He's out，they say.“他们说，他出去了。”这个句子在 say“说”上带有降调，而在 out“出去”上带有略高、略降或略升的调子。声调的等级（较高和较低）和升降曲线（升、平、降等）可以在字母上加上重音符号，或者加上代表高低升降不同的数字，或者用其他的方法来标示。

（3）音渡。在上下连接的言语里，语音出现在两个或更多的语音序列中，这些语音的序列往往不容易清楚地分成一个个组成这些序列的小段。语音连结在一起的方式是不同的，这种现象就用音渡这个术语来概括。不同的语言在音渡的习惯上跟在其他方面一样是不相同的：在某一种语言中，从一个音到另一个音的过渡可能是明显而清楚的；在另一种语言中，一个音过渡到另一个音，中间没有明确的分界线；而在另一些语言中，音渡的差别可能是语音学家必须认识和描写的重要特征之一。

由于音渡现象至今还研究得很少，而且也还没有制定出分类的一般原则和方案，在这个问题上我们所能做的仅仅是举例说明存在于英语中的一些音渡的差别；对于这些音渡差别的解释打算留在§3.7中再谈。A name“一个名字”这个序列所包含的元音和辅音跟 an aim“一个目的”这个序列完全相同，它们都是[ənɛjm]，但是这两个短语在[n]和跟在后面的元音之间的音渡却是不同的；这样一种音渡上的差别也区别了以下各对短语：I laid“我放下”和 I'll aid“我将帮助”，它们的语音序列都是[ajlɛjd]；see the meat“看到了这块肉”和 see them eat“看他们吃”，它们的语音序列是[sɪjðəmɪjt]；why choose“为什么选择”和 white shoes“白皮鞋”，它们的语音序列都是[ƕajtšuwz]。此外在大多数美国人的发音中，minus“减”和 slyness“狡猾”都以[-ajnəs]这个序列收尾；但是这两个词一般并不押韵，因为它们在第一个音节的二合元音和后面的[n]之间的音渡不同：在 minus 里音渡是关的，在 slyness 里（这个词的二合元音可以拖长一些发，就能证明）音渡是开的。nitrate“硝酸盐”，night-rate“夜间电报费”和 dye-trade“染色业”，这三个词表现了在[-ajtɹ-]序列中语音连结的三种不同的方式。

2.15　语音学的记音

语音学的记音的目的是尽可能精确地记录一段或一组话语的一切特征，这些特征是记音人在言语的语流中能够听见并鉴别的。记音人训练得越好，他的记音也就越接近原始语音事实的全貌；不过他决不可能把什么都记下来。当代最好的语音学家也不能识别所有客观上不同的语音；即使最煞费苦心的精密的记录一般也不去管这样一些特征：如说话的快慢、停顿的相对长度以及每一个音的音质。此外，由于没有一个人能够听出他没有学会去认识的差别（不论是由于受本国语言的影响，或者是由于语音学学习的不足），任何记音的完整与否完全决定于记音人的听与记的偶然性：不管能力如何，任何两个记音人都不可能把话语记得完全一样。最好的语音学的记音也还是印象主义的：它所记的只不过是记音人所听到的发音动作的印象。

因此，语音学的记音在科学上的用途是有限的。从几乎每一种用途来看，最好还是用音位记音，这种记音是把组织在几十个区别性单位中的某种语言的语音用符号表示出来（参看第三章）；但

是对于某些用途说来，语音学的记音还真是有用呐。

这些用途之一就是比较关系密切的方言。方言学家发现往往一个区域或地方的发音跟另一个区域或地方的差别并不在于结构上有相应的不同（即音位的差别，参看§3.1）；为了表示区域或地方发音的特点，他必须使用纯粹语音学的记音，有时还用分得非常精细的标音字母来记音。这样的例子在《新英格兰语言地图》或即将出版的《南大西洋各洲语言地图》里几乎每一张图上都能看到。在新英格兰的西部，像 bird“鸟”，worm“蛆”这一类词的元音是把舌头卷得很高的卷舌音，在新英格兰中部的某些地区，这些元音也是卷舌音，但是卷得不那么高，而这差别在这区域内是建立方言区的最可靠的标准之一；可是这两种发音的音位分析还是一样的。在南方，弗尔吉尼亚州（Virginia）和北卡洛里那州（North Carolina）的红帘区（Piedmont region），根据 past“过去”，calf“小牛”这一类词中元音的发音，清楚地分成了不同的地域；可是这个差别也没有结构上的意义。然而所有这些差别以及其他许多纯粹是语音上的差别，对于语言地理学以及方言学，同样也对于历史语法却有十分重要的意义。

另一个用途也只有语音学的记音才能达到，这就是在一个人收集的材料还不足以让他了解该语言中哪些发音的特点是区别性的以前（参看§3.1），去记录他第一次听到的外国语言。凡是第一次记音或者在第一次记音后的几天甚至几周内的记音都必须完全是语音学的；音位记音只有在长时期的仔细研究之后，而且只有在掌握了大量印象主义地记录下来的材料的基础上，才有可能进行。一切语音学的工作的最终目的，几乎都是去找到根据一种语言的音位来尽可能最简单地描写这种语言；可是除非对于一种语言的语音已经作了仔细的观察而且严谨地记录了下来，否则作出来的音位描写就没有任何价值。

第三章　音位学

3.1　音位的分析

受过语音训练的研究英语的外国人，在记录发音合作人的发音时，往往会注意到许多一般说英语的人不会感觉的差别。他会记下 pin“扣针”和 appear“出现”里的吐气的[p‘]，spin“纺”和 upper“上面”里的不吐气的[p⁼]，napkin“餐巾”和（偶尔地）up“向上”里的不破裂的[p˺]。他会注意到 bid“吩咐”的元音比 bit“少许”的元音长些，而且在 bet“打赌”，bat“砖片”，but“但是”和 bed“床”，bad“坏”和 bud“芽”的元音之间也有这样的差别。他会区别：geese“鹅”，give“给”的舌根前音[ĝ]和 goose“鹅”，gone“走”的舌根中音[g]；let“让”的弱腭化或中性的[l]和 tell“告诉”的舌根化[l_u]；hence“因此”里的短[n]和 hens“母鸡”里的较长的[n·]。如果他的耳朵够灵的话（也就是说，如果他曾经受过很好的训练），在连续地说 dog“狗”时他会记下半打不同的元音色彩。当然，在他工作的初期，他不会知道这些发音全都相当于同一个词：他所了解的是[dɒg]，[dωg]和[dɔg]之间的差别可能正如它们跟[dʌg]的差别。这种不明确不是仅仅靠问发音合作人就能解决的。如果这位发音合作人成熟到足以了解这种玄妙的问题，那么他很可能是受过本民族语言的教育的，因而也就容易被词的写法、传统的教育以及其他同样不可靠的指导引入歧途；如果他没有受过教育之害，那么鉴别词的问题大概只会使他糊涂。

要了解一种语言的可以觉察到的许多语音差别之中究竟哪些是用来区别意义的，唯一可靠而实在的方法就是收集尽量多的材料，并且对这些材料作彻底的考察。当这样做的时候，研究者会发现某些音，如[pʻ]和[b]，出现在相同的位置上——譬如说在话语的开头——因而是彼此对立的；可是另外有些音，譬如上面提到的三种不同的[p]，通常不出现在相同的位置上，因而在英语里不能用来区别不同的意义。他会发现[ĝ]只处在前元音的前面，而[g]从来不在那儿出现；还有，在其他方面都一样的或非常相似的元音之间，音长的不同，和跟在后面的辅音的不同有关（较长的元音在有声辅音之前，较短的元音在无声辅音之前），如此等等。根据这种发现，研究者可以把在这个语言中观察到的所有的语音差别分为两类：能够区别不同意义的区别性差异或者叫对立和从不用来区别意义的非区别性差异。

以找出区别性差异为目的来对语音材料加以考察，就叫作音位分析。多亏这一步工作，我们才有可能把在一个言语社群的话语中所听到的无数的语音归纳成数目有限的类别——按不同的语言，归为十五个或二十个到大约六十个类别——即所谓音位。归纳成一个音位的若干个音在语音上是相似的，也就是说它们共同具有其他音位的成员都没有的某些特点或特点的组合（因而产生一种特有的音响效果）。一个音位的成员之间可能有的语音差别是非区别性的；而每个音位作为一个整体，至少在某些位置上跟其他任何音位相对立。

当一种语言的所有的语音——不仅包括元音和辅音而且还包括音渡和重音的特征——都归成了音位以后，我们就得出了一套结构单位，用这一套单位能够最简单而又最精确地描写这种语言的整个儿的词汇和语法。

3.2 音位学的必要性

可是，用这些单位描写一种语言，好处究竟在哪儿呢？难道细致地记录下一切可以观察到的差别，并以之为根据作出纯粹语音学的描写不也是同样地好甚至更加准确吗？

正如§2.15所指出的，所谓语音记录的准确性，多半儿是幻想。语音记录接近原始语音事实的程度总是必须依靠记录者的训练这件带有偶然性的事。我们决不敢相信他的训练准会使他意识到哪些在某种语言中恰恰是重要的差别，因此也就不敢保证在他听他的发音合作人时会注意到这些差别。要是他果真忽视了其中的任何一个差别，那么只有把他所观察到的语音差别跟意义上的差别作了仔细的对比之后，他才会发现这种疏忽。

不过即使承认他并没有犯这些忽略的过失，甚至承认他的记录除了赶不上机械录音之外，的确尽可能忠实地反映了实际发音的每一个细节，一种语言的纯粹语音描写仍然不如音位描写。语音描写过分简单，可能犯错误也可能不犯错误，但是描写得太详细了，肯定会犯错误。因为这种语音描写不但不能给我们提供这种语言的清楚的面貌，反而以偶然和无关的烦琐细节，使词汇复杂化，使语法不清楚。这些细节，除了说明记录者的耳朵灵敏，本身毫无意义。例如，这种描写告诉我们 geese“鹅，复数”，goose“鹅，单数”和 base“基础”这三个词以三个不同的辅音[ĝ，g，b]开头；虽然 add“增加”跟 adding“增加，现在分词”的[d]是一样的，但是 telling“告诉，现在分词”的[l]跟 tell“告诉”的[l_u]是不同的；sit“坐下”和 sing“唱歌”以不同的方式形成它们的过去时，因为 sat“坐下，过去时”是口腔元音而 sang“唱歌，过去时”有时是鼻化元音。总之，纯粹语音学的描写不可能把词汇和语法的真正有意义的特征跟说话时总少不了的偶然的和个人的特征区别开；作为一种科学的方法，它的结果差不多就好像一个生物学家由于有一只猫尾巴上的毛比另外一只多就把这两只猫归入不同的类一样。只有去发现任何话语的有意义的特征，也就是从一大堆不相干的变体中找出它们的常数，我们才能奠定语言研究的基础。语言学家的工作（参看§1.4），就是把言语事实加以归类，并且概括大量客观上不同但在社会上相等的语言事实作出总的说明，以展示这种语言的系统。语音学家不把他的材料作音位的分析，就不仅不是语言学家，而且也否定了语言科学本身的目的。

可见，我们之所以要音位的描写而不要纯粹语音的描写，完全是为了实用的目的。由于把发音里的无数细节组织成了少数区别性的单位，学习者不只简化了学习的过程，而且比起用其他任何方法来，他的确能够在同样的时间里更实在地掌握这种语言。这种说法不只停留在理论上，而是所有曾经在外语学习中使用过音位学方法的学习者的经验所证明了的。

以上的话，还没有谈到音位描写所具有的另一个好处，就是它反映了说本民族语言的人对自己语言的感觉，即“语感”。据说一般说英语的人“感觉”pin 的[pʻ]和 upper 的[p⁼]是一样的，这两个音都跟 bin“大箱”的[b]不同；他“感觉”或者“认为”在 little“少”里的两个[l]是“同一个音”。这可能对也可能不对；如果是对的话，那倒是一桩很有趣的事。可是这决不能作为语言学家分类的标准，甚至不能作为他已经作出正确分类的证明。说本民族语言的人对语音或者对其他任何语言事实的感觉都不是使用语言科学技术的调查所能达到的，语言学家求助于语感，哪怕只有一点，都是回避自己应有的作用。语言学家只管言语的事实。与之相关的心理方面无疑是重要的；但是语言学家从语言学的角度却没有任何方法来分析它们。

3.3 分析的技巧

如§3.1中所指出的，音位是语音上相似的一类音，它跟这语言中所有相似的类对立并相互排斥。构成一个音位的个别的音是它的音位变体；如我们所见，在不同的位置上，音位变体之间可以有相当多的非区别性差异。发现一种语言的音位的方法，主要是把用语音学记音记录下来的形式（全部话语或话语的一部分）加以排列、比较和合并的方法。下面的步骤只是这种技术的一般指南，而不是在任何细节上都必须遵守的规则，往往有捷径可走；有经验的音位学家并不总认为必须按部就班地完成这儿所说的全部手续。然而，在任何情况下，分析的原则总是一样的，即使实际的操作由于实践和经验已经磨练得几乎像直觉一样。

(1)首先把用语音学记音记录下来的形式按任何预先规定的符号次序排列起来,这一步不仅把所有以同一个音起头的形式放在一起,而且立刻可以看出任何一个开首音的出现是否受到下面跟着的音的限制。(例如,这样就能看出在英语中舌根前音[ĝ]只出现在前元音之前,舌根中音[g]只出现在央元音和后元音之前以及辅音之前。)我们把语音上相似而决不在相同的音之前出现的开首音归在一起,因为,在它们之间没有对立的可能。(譬如,决没有一对意义上不同的英语的形式只是用[ĝ]和[g]之间的不同来区别。)

开首音的音丛——元音的序列或辅音的序列——可以按以下两种方式之一加以处理。如果不同的音丛包含一个共同的成员,或者一个音丛的所有成员都能单独地作为开首音出现,那么最好把这个音丛看成是几个独立的单位的序列;如果不符合这些条件,那么就可以把这个音丛本身看成是一个单位。由几个独立的单位组成的音丛有如英语的开首音[ɛj-,aj-;sp-,st-;pl-,kl-]。另一方面,像英语[pʻ]这个开首音可以分为一个闭塞音加上跟在后面的吐气音;但是,由于[p]从来没有不带吐气音而作为开首音出现在元音之前,这个序列最好当作一个单位。

这一步手续的最后结果是把开首的音位列出来了,其中每一个音位都用它的音位变体加以描写。

(2)把上面的那一步手续重复运用到所有其他位置上去,依次列出处在各种类型的音节中的和具有不同程度的轻重或高低升降的元音和二合元音,以及在话语的不同部分中,单独地或成丛地出现在元音的前面、中间或后面的辅音。在每一个位置上,都得出了一张对立音位的表，而每一个音位又都有出现在那个位置上的音位变体的表。

(3)比较和综合所作出的各种音位表，就得出了所有音位的总表。在许多语言中，音位的总数总是大于在任何一个位置上发现的音位数；不过总表从不仅仅是所有分表的总和。在汇总的时候，我们必须特别注意互补分布的原则；这个原则要求把彼此从不对立而在语音上相似的音归在一起作为同一个音位的音位变体。关于这个原则的论述请参看§3.4。

到了这一步，我们已经列出了音段音位的清单，其所以称为音段音位，是因为它们由语流中一个接一个连成一串的音组成，因此可以把它们看成是话语的音段。这张清单完成了分析的第一阶段，可是音位分析的工作到此尚未结束。

(4)现在我们把注意力转到音段语音的变异上，我们曾经管这些变异叫音量、重音和音渡(参看§2.14)。假如这些变异在某种语言中起着标志出具有区别性差异的形式的作用，那么，它们必须像音段音位一样仔细地加以分析和归类，要对这种语言作科学的描写，就必须像对待音段音位一样，给这些变异以同等重要的地位。

分析这些超音质特点的方法在原则上是跟分析音段音位的方法一样的。在这一步骤上，我们再一次把需要加以区别的位置上的对立的特点排成表；用每一个重音音位或是音渡音位的音位变体来描写这些音位；而且把处于互补分布中的相同的特点归在一起。这一步分析的结果将得出所谓超音质音位或超音段音位的清单。

(5)在许多语言中，句子是用某些重音特点来表示的，这些重音特点并不影响各个词的结构。譬如英语的词并没有属于它本身的声调：man“男人”这个词，不论用高音或低音说出来，也不论用升调或降调说出来，指的都是同一个事物。但是一句英语的句子，如果不说明它所特有的声调模式(参看§2.14)，就不可能描写得完全。不属于个别的词而只属于句子的重音特征叫作语调。语调的分析和归类跟别的发音特点是一样的，只是在排列和比较形式时，我们必须用整个的句子来代替孤零零的词。

语音学家和语法学家过去往往忽视语调；但是，不考虑到发音的各个方面，音位的描写就是不完全的。对英语来说，假如我们说明了在不同结构中词的相对重音，以及在不同类型的分句和句子末了的不同的音高升降曲线，那么语调才算是充分地描述了。对于别种语言来说，它可能要包括得多一些或少一些；到底，要包括哪些特点，总是由某种语言用来区别意义的区别性对立来决定的。

(6)到这里为止，我们只限于编制某种语言的区别性单位的清单；可是单单一张音位表并不能告诉我们任何使用音位的方式。要找出使用方式，必须按照音位的功能把它们在结构中组合起来。这方法将在§3.5中说明。

3.4　互补分布

上一节里提到的互补分布的原则可以说明如下。如果两个或两个以上的语音分布在一种语言的形式中，其中没有一个音跟任何其他一个音出现在完全相同的位置上，而且所有这些音都具有任何其他的音所没有的发音特征，因而在语音上是相似的，那么这些音就作为同一个音位的音位变体而归在一起。位置的相同不仅意味着就形式的头尾（开头、中间、末尾）来说的地位上的相同，而且还意味着由前面接的音和后面跟的音、音渡条件以及重音所决定的环境上的相同。

同一个音位在语音上不同的音位变体决不出现在相同的位置上，对于这一条不言而喻的规则来说，只有一个例外。在某些特定的位置上，可能有两个或两个以上的音位变体的自由变异；也就是连续地说同一个词的形式，有时出现这个音位变体，有时出现那个音位变体，但意义不改变。譬如英语中收尾的无声闭塞音有时吐气，有时不吐气，有时不除阻，但是这三种变体从不用来区别意义，而以三种变体里的某一变体收尾的任何一个形式，在同一个说话人的话语中，跟以其他两个变体收尾的相应形式相当。同样地，law“法律”，caught“抓住”，ball“球”这些词的元音，在一个人或一个社群的发音中，可以从低后元音[ɒ]变到次低后元音[ɔ]。

为了举例说明互补分布的原则，可以在这儿列出说某种美国英语方言（大致是中北部各州说的方言）时出现的一些音，并指出每个音所出现的位置。

吐气的[tʻ]：作为开首音出现在元音之前（tin“锡”，tomorrow“明天”）；作为中间音出现在元音之间，如果后面的一个元音较重（attack“攻击”）；作为中间音出现在除[s]之外的任何辅音之后，而在重读元音之前（captivity“囚禁”，dictation“默写”，entire“整个儿”，particular“特别的”等等）；作为收尾音出现在元音或任何辅音之后，但是在这位置上跟[t⁼]和[t′]可以自由变换（at“在”，apt

“恰当的”，cast“投”，raft“木筏”，wished“希望”，melt“融化”，ant“蚂蚁”等等）。

不吐气的[t⁼]：作为开首音出现在[š]和无声的[ɹ]之前(chew“咀嚼”，true“真实的”)；出现在开首音[s]之后，而在元音之前(stone“石头”)；出现在开首音[s]之后，而在无声的[ɹ]之前(strong“强的”)；作为中间音出现在任何无声辅音之后，而在弱重音元音之前(captive“俘虏”，active“积极的”，casting“投”，after“以后”，Ashton“姓氏”)；作为中间音出现在[s]之后，而在强重音元音之前(astonish“惊讶”)；作为中间音出现在任何辅音之后，而在无声[ɹ]之前(gastric“胃的”，destroy“破坏”，actress“女演员”，paltry“下贱的”，poltroon“胆小鬼”，entry“入口”，intrigue“阴谋”，portray“肖像画”等等)；作为中间音出现在[ɹ，l，n]之后，而在[š]之前(parching“烘烤似的”，filching“偷窃”，punching“打击”)；出现在元音之后，而在收尾的[s]，[š]，[št]之前(cats“猫”，catch“抓取”，matched“匹配”)；出现在任何辅音之后，而在收尾[s]之前(acts“活动”，casts“投”，rafts“木筏”，melts“融化”，ants“蚂蚁”等)；出现在[ɹ，l，n]之后，而在收尾[š]和[št]之前(parch“炒”，filch“偷窃”，punch“打击”，parched“炒，过去时”，filched“偷窃，过去时”，punched“打击，过去时”)；作为收尾音出现在位于元音或任何辅音之后，但在这个位置上跟[tʻ]和[t′]自由变换(at“在”，apt“恰当的”等等，同上段末例)。

不除阻的[t′]：作为中间音出现在另一个闭塞音或[m]之前(hatpin“帽针”，Atkins，shotgun“鸟枪”，apartment“公寓”)；作为收尾音出现在元音或任何辅音之后，但在这个位置上跟[tʻ]和

[$t^{=}$]自由变换(at,apt 等等,同上)。

唇化不吐气的[t_w]:作为开首音出现在有声或无声的[w]之前(twice“两次”);作为中间音出现在元音之后,而在有声或无声的[w]之前(between“在……之间”);作为中间音出现在[n]之后,而在有声或无声的[w]之前(Antwerp“安特卫普,地名”,untwine“解开”)。

弱腭化不吐气的[t_i]:作为开首音出现在有声或无声的[j]之前(tune“调子”);作为中间音出现在元音之后,而在有声或无声的[j]之前(mature“成熟”);作为中间音出现在[ɹ,n]之后,而在有声或无声的[j]之前(parturient“生子的”,parturition“分娩”,contusion“殴打”,contumely“傲慢”);作为中间音出现在[s]之后,而在有声或无声的[j]之前(postulate“假定”)。不过很多说这个方言的人从来不在[t]之后发[j]音,因而这儿所举的一类词里没有腭化闭塞音。

转鼻音除阻的[t^N]:作为中间音出现在元音之后,而在[n]和成节音的[n̥]之前(Aetna“埃特纳火山”,button“扣子”);作为中间音出现在[ɹ,l,n]之后,而在[n]和成节音的[n̥]之前(partner“伴侣”,carton“纸板”,Fulton“富尔敦,姓氏”,mountain“山岭”)。

转边音除阻的[t^L]:作为中间音出现在元音之后,而在[l]之前(atlas“地图”);作为中间音出现在[ɹ,l,n]之后,而在[l]之前(artless“质朴的”,faultless“无过失的”,gently“温和的”)。

有声的[t_v](跟英语[d]的不同在于短一些而且发音时肌肉更为紧张,即是强音而不是弱音):作为中间音出现在元音之间,如果跟在后面的元音是弱重音(Betty“贝蒂,人名”,matter“事务”,barometer“气压计”)；作为中间音出现在[ɹ，l，n]之后，而在弱重音元音之前(artist“艺术家”，alter“变更”，center“中心”)；作为中间音出现在元音和[ɹ]之后，而在成节音的[l̩]之前(bottle“瓶子”，Aristotle“亚里士多德”，mortal“人类的”)。

把以上八段考查一下，就可以看出它们包括了在标准英语的孤立的词里可能出现任何[t]变体的一切位置；此外，也看出除了一个例外，没有一个位置被一个以上的[t]的变体所占据。这个例外就是收尾的位置，在这个位置上，三种[tʻ，t⁼，t′]变体彼此可以自由变换；不过正如我们已经指出的，这儿的差别是非区别性的。有见于上面所列的八种[t]的变体处于互补分布之中，并且都带有这种语言的其他音都没有的发音特征(用“强舌尖闭塞音”这个术语来称呼它)。我们就把它们归在一起作为一个音位的音位变体。不过，在某一细节上，我们的分析手续在这方面会受到理论上的反对。

假如我们给弱舌尖闭塞音[d]的变体作一个类似的语音和位置的总表，我们就会发现在一定的位置上[t]和[d]处于直接的对立之中(例如 tin“锡”，din“骚音”；butting“冲撞”，budding“正发芽的”；bite“咬”，bide“等候”)，而在其他位置上是对立的音丛的成员(例如，chain“链子”，Jane“人名”；true“真的”，drew“拉”；carts“马车”，cards“纸牌”)，但是在某一个位置上，具体说就是在[s]之后，它们之中只有一个出现。(学习者自己会证实这个说法，如果他把下面的词用语音学的方法记录下来，而且根据它们所包含的[d]的变体加以归类：abdomen，add，addle，adjust，admire，ardent，barges，bedraggle，bends，bilge，bulging，caldron，Cedric，coldly，delay, dew, din, draw, dwarf, ebbed, Edgar, Edna, Edwin, elder, fardel, foundry, friendly, fudge, golden, hand, handbag, handle, hardly, held, hidden, hinge, hoarding, holds, induce, join, ladder, large, loads, London, loved, Magda, Mazda, nagged, oddly, ordure, pardon, pungent, raised, ready, redeem, reduce, ridges, Saturday, under, undress。)

stool"凳子"里的音丛[st⁼]跟 spool"线管"里的[sp⁼]和 school"学校"里的[sk⁼]相对立;但并没有作为开首音丛的[sd]。此外,肌肉紧张程度这一向难以准确估计的特征,在[s]之后的闭塞音中特别不易断定;我们曾经假定它是强的,但在许多人的发音中它可能是弱的。既然在[s]之后[t]和[d]之间没有对立,而且难以在这位置上确定这闭塞音肯定地是强或弱,那么指定这个闭塞音属于两个可能的音位之中的一个,就难免有专断之嫌了。有些音位学家拒绝就这两种可能作出选择,而是每逢一个音跟两个或两个以上的音有互补分布的关系而且在语音上跟它们相似,就给它建立一个独立的音位。

如果分类的目的不仅要详细地显示音位之间对立的可能性,而且要显示在哪些位置上某个对立是不生效的,那么上面那种谨慎的做法是聪明的。不过我们的目的并非如此;我们要求实用而科学性却又丝毫不差,目的是要把一种语言的语音分配到数目最少的一套对立的单位中去,用这套单位可以把这种语言的语音,词汇和语法作最有效的描写。我们不愿意建立一个特殊的类去适应在[s]后的不明确的舌尖闭塞音,而是把它——也许是任意地——跟 tin 里的闭塞音归入同一个音位,其原因只是因为我们认为使单个儿的音位的数目尽可能地少是有好处的。我们也可以同样把这闭塞音跟 din 里的[d]归到一起，只要有理由认为这样做更方便；我们的选择受传统支配，也像受任何其他理由支配一样。不论我们作哪一种选择，在[s]之后[t]和[d]之间的对立不生效总会清楚地出现在我们的描写中，就好像我们采用了上面所说的比较谨慎的方法一样。

我们再补充一些互补分布的例子。play“玩”，clay“泥土”里处于[p]或[k]和强重音元音之间的[l]一般是无声的；而[l]在所有其他的位置上都是有声的。由于有声和无声的差别总是伴同语音环境的差别的，所以我们把这两种变体归为一个音位。——在 milk“奶”，vulgar“粗俗的”这样一些词里，许多人不发舌尖[l]而发舌面的[ʟ]。由于在这个方言里[l]从不出现在[k，g]之前，而[ʟ]从不出现在任何其他的地方，这两种变体也必须归为一类。这个音位的典型语音特征是在[l]和[ʟ]两个语音中具有而在其他英语语音中所没有的边音开音。——yes“是的”，you“你”的元音之前的半元音[j]，是把舌头从较高和较前的位置移到后面元音所要求的位置而发出来的；day“日子”，high“高”，boy“男孩”的元音后面的半元音[j]是用相反的动作发出来的(参看 §2.9)。这两个变体有互补分布的关系，而且共同具有一种跟边上元音的舌位相应的舌位的特点；因此，这两个音是同一个音位的成员。——above [əˈbʌv]“在上”里的两个元音从来不在同样的重音条件下出现：[ə]总是弱重音，[ʌ]总是较强的重音。虽然这两个元音在音质上有显著的差别，但是它们都有非前非圆唇的央元音的特征，因而应当归成一类。

3.5 音位结构

一种语言的音段音位可以根据它们音位变体的语音描写加以归类：譬如我们可以把英语的辅音音位归成有声和无声，或者闭塞音、摩擦音、鼻音和边音，或者双唇音、唇齿音、齿龈音，等等。不过还有另外一种归类的方法，它是按照完全不同的原则进行的，而且更能展示出音位在语言的内部组织中的功能。这是根据音位出现在具体位置上或组合中的情况而把它们归到结构组中去的方法。结构组是一群出现在某个语音环境的全部音位，因此在那个位置上它们彼此直接对立。任何一个环境都可以用来决定一个结构组：开头、中间或收尾的位置；出现在元音之间、辅音之间，或者元音和辅音之间；参与各种不同的音丛；特定的重音和音渡的条件；等等。这样的结构组（每一组都是根据它成员的共同功能确定的）的总目就等于这种语言的音位结构的描写。

如在英语中，有一些结构组是按照辅音在各种不同的开首音丛中的出现来决定的。英语中有六个辅音作为开首音出现在有声或无声的[l]之前，如在 play“玩”，clay“泥土”，blame“责备”，glade“沼地”，flame“火焰”，slay“杀死”里；九个辅音（包括前一组中的五个）出现在有声或无声的[ɹ]之前，如在 pry“盯”，try“尝试”，cry“哭喊”，bribe“贿赂”，dry“干”，grime“灰尘”，fry“油炸”，thrive“兴旺”，shrine“庙”里；七个辅音（其中见于第一组的有三个，见于第二组中的有五个）出现在有声或无声的[w]之前，如在 twin“双胞胎”，quit“离开”，dwarf“侏儒”，Gwen，thwart“妨碍”，swing“摇

摆”，white“白”里；有八个辅音（在某些方言中有十三个，十三个之中包括所有前面已经提到的，只有一个例外）出现在有声或无声的[j]之前，如在 pure“纯洁”，cure“医治”，beauty“美丽”，gules“赤色”，few“少许”，view“观点”，muse“沉思”，hue“色彩”，tune“调子”，dew“露水”，thews“气力”，suit“一套”，new“新的”里。另一组是由出现在开首音[s]之后的辅音组成的，如在 spill“滚下”，still“仍然”，skill“技术”，sphere“方面”，sthenic“强壮”，smile“微笑”，snow“雪”里；还有一组是由单个辅音[s]组成的，它是作为开首音出现在这些辅音之前的唯一的一个辅音。

从这些例子可以明显地看到，任何一种语言中的结构组都大幅度地互相重叠。一个音位有多少可确定的出现的位置就是多少结构组的成员；跟它同组的成员可以因组而异。譬如说，音位 k 是上一段所描写的六组中的五组里的成员；可是在这五组中的大多数的组里作为 k 的同组成员出现的 p 音位，在[w]前的辅音组中是没有的，而 š 音位只在其中一个组里出现。

有时一个结构组跟按照语音标准所作的归类几乎相同或者完全相同。譬如由在[l]和[ɹ]之前的英语开首辅音组成的结构组，包括所有的闭塞音和除了[h]以外的所有无声摩擦音；假如我们考查以[s]或[z]收尾的英语收尾音丛的组合（例如在复数名词 cups“杯子”，lamps“灯”，cats“猫”，rafts“木筏”，roofs“屋顶”，cubs“小狐狸”，hands“手”，leaves“叶子”，rims“边”里），我们就发现所有在[s]之前的辅音都是无声的，而所有在[z]之前的都是有声的。但是在别的情况下，结构和语音之间就没有这种相互关系。譬如说只出现在中间和末尾的英语辅音的结构组有两个成员（如在

rouge“口红”和 sing“唱歌”里的收尾辅音），其中的一个是有声摩擦音，另一个是鼻音。

3.6 音位符号

语音符号的实质是它必须有固定的价值，这价值是严格地用语音学的（也就是生理的）标准规定的。如我们在§2.7 中所看到的，任何符号就其本身来说，是跟任何别的符号不分上下的，但是一旦我们已经同意以一个特定的符号代表某个语音范畴，就最好始终如一地用它于那个价值。由于在纯粹的语音学记音中，我们总想尽可能细致地记录下我们对于一个发音的印象（参看§2.15），于是音符表必须能提供足够的字母和发音符号来适应我们敏锐的听音能力。结果，这种记音不可避免地触目皆是“奇奇怪怪的符号”以及这些符号的复杂的组合；它的总的面貌几乎是令人望而生畏的。

而在音位记音中，同一个音位的音位变体之间的语音差别是不管的；真正的音位变体总是由环境暗示出来，要不就是自由变异（参看§3.4）——不论是哪一种情况，都是非区别性的。这儿我们所要求的是一个符号代表所记录的那种语言中的一个音位。由于每一种语言都有它自己的一套音位系统，不管那些在别的语言中可能是重要的区别，一个符号的音位价值在一个时候只能够为了一种语言来规定，同一个符号可以用来代表两种或两种以上语言中的十分不同的音位，这样做并不会有什么不方便或是弄得模糊不清。

音位记音不仅仅是把语言结构用符号表示出来；而且也是**实用拼写法**，使用尽可能少的字母代表一种语言中起着区别意义的作用的任何音。根据这个理由，使用容易写、容易印刷和容易读的字母是有利的；可能曾经赋予这些字母的语音价值跟它们用在音位拼写中的价值完全无关。譬如，在一种语言中只有五个元音音位，表示它们的最好的音位学方式——不管它们的语音性质如何——是用 a，e，i，o，u 五个字母。如果一种语言有[ɹ]，可是并没有颤音，那么，用普通的 r 来代表[ɹ]最为方便。或者，假如吐气是非区别性的——不论是由于所有的闭塞音都吐气，或者是由于带有和不带这特征的音位变体之间没有对立——那么就没有必要指出它的有无；一个简单的 p 就足以代表[pʻ]，或者同时代表[pʻ]和[p⁼]。总之，符号越是简单和普通，它在音位记音中也就服务得越好。

为了把音位符号跟语音符号区别开来，我们把音位符号放在两条斜线之间：[p]＝无声不吐气的双唇闭塞音；/p/＝某种语言中我们已经同意这样写的任何一个音位。

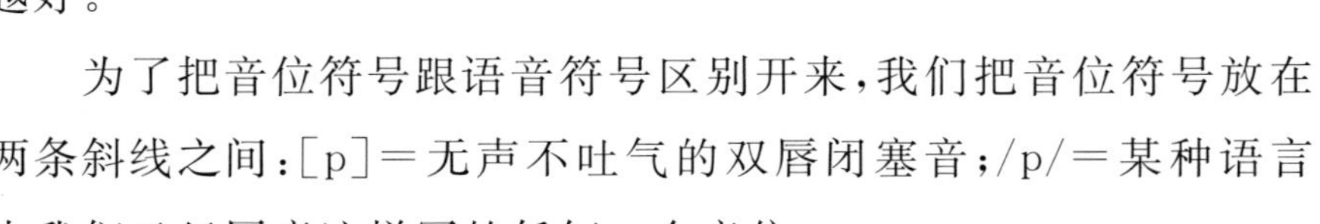

3.7　英语的音位

这一节举英语语音归并成音位的例子来说明音位分析的原则。我们只把分成的类提供出来，一般不涉及这些分类所根据的语音材料。学习者应当给我们分类的每一部分重新建立论据，以便考查他对于这种方法了解的程度。这儿所描写的英语方言是大西洋沿岸中部各州，从马里兰州（Maryland）通过宾夕法尼亚州

(Pennsylvania)东部到新泽西州(New Jersey),有文化的人所说的一般的英语。这一带方言中的小差别一般地是不管的;但对于其他方言来说,这个分析在某些方面必须加以修改,以便适合各个地区的特殊要求。

(1)音渡。如果我们比较出现在话语的开头、中间和末尾的语音,我们就会发现有些音位在这三个位置上有显然不同的音位变体。在停顿之后,第一个音节上的响重音的出现跟第一个音段语音同时开始,而在音势上很快地增强;开首元音可能顺利地开始(喉头已经处于发有声音的位置)也可能带有非区别性的喉头闭塞而开始;无声闭塞音即使在弱重音的元音前也是吐气的;所有在开首位置上的辅音通常总是短的,虽然为了强调很容易拉长。在停顿之前,最后的音节上的响重音逐渐消失,同时音段语音也"拖长"了;弱重音一般比在其他位置上更弱,并且越接近音节末尾越弱;收尾的元音和二合元音跟收尾的鼻音和边音一样是异乎寻常的长或是被拖长了;闭塞音往往不除阻;有声闭塞音和摩擦音位于末尾是无声的。所有这些现象,以及其他跟停顿前后的音位变体有关的现象,我们把它们统统作为开音渡的特征。从停顿过渡到一段话语的第一个音段音位,或者从最后的音段音位过渡到后面的停顿,我们管它叫外部开音渡;从一个音过渡到另一个音而不带上面所说的任何特征,就是关音渡。

进一步的观察可以看出,开音渡的特征不只是在停顿之前和停顿之后出现,而且也在某些话语的内部出现(参看§2.14)。内部开音渡在下列的词里跟关音渡形成对立:tin-tax"锡税"和 syntax"句法";slyness"狡猾"和 minus"减";an aim"一个目的"和 a name“一个名字”；night-rate“夜间电报费”或 dye-trade“染色业”和 nitrate“硝酸盐”。在音位记音中，外部开音渡在符号之间留一个当档儿作为标志，内部开音渡用一个连字符；关音渡是用符号写得紧靠在一起来标示的。

（2）重音。一些形式具有不同的意义，但却有相同或相似的音段音位，这些音段音位只是在响度等级上和分布上有所差别，把这样一些形式作一番比较，就可以看到英语的重音可以根据四种对立的等级作完全的描写。这些等级可以从 1（最强）排到 4（最弱），或者用描写性的名称叫作响、次响、中响和弱；把前三级合起来叫作强，是有益的。在音位记音中，最好在元音字母之上加重音符号来表示强重音，如/á，â，à/，没有重音符号的就是弱重音，如/a/。

下面的这些词和短语是用传统的拼写法写的，不过加上了音渡和重音的标记，这些词和短语里显示出四个重音等级，而且提供了得出这数字的比较程序：

cát，ánd，yés　　cóntènts，rótàte　　bláck-bîrd，réd-câp

béllow，cúrrent　　ùntíe，ròmánce　　ôld-mán，rêd-bárn

belów，corréct　　réctifỳ，démocràt　　téll(h)im-sô，stóp-thât

énemy，pólitics　　rèferée，dèmocrátic　　câtan(d)-dóg，sêe(h)imané-mic，polítely　　ásk-fòrit，nòt-atáll　　móvie-àuditôrium，élevàtor-ôperàtor

跟其他音位一样，这四个重音音位中的每一个都有一些具有非区别性差异的音位变体；重要的并不是一个音节的绝对响度，而是在同一段话语里它对其他音节的相对响度。就是在一段话语里，重音音位相同的两个或两个以上的音节，由于它们在话语中的位置以及它们距离开音渡的端点和显然较重的音节的远近不同，能听得出来响度有所不同。在 A lánguage is a sýstem of ârbitràry vôcal sýmbols“语言是任意的语音符号的系统”这句子里有三个响重音，两个次响重音，一个中响重音和十个弱重音；可是测量响度（强度）的机械仪器可能显示出一打或是更多的不同等级，而不只是四个。我们所建立的音位是客观上不同的语音的类，一向是为了描写语言结构的特殊目的而建立的；重音音位也就是音强特征的类别。

（3）辅音。一切英语的标准方言分出来的辅音音位在数目上都是一样的，虽然这些音位所出现的位置以及组合的情况在各个方言里并不完全一样。下面这张表就是英语辅音音位的总表，每一个音位用几个典型的词作为例子：

/p/ pin，upper，lip　　/ð/ then，other，bathe

/t/ tin，better，bit　　/z/ zink[①]，fuzzy，his

/k/ kin，lucky，back　　/ž/ azure，rouge

/b/ bin，rubber，cub　　/m/ mat，simmer，dim

/d/ din，rudder，sad　　/n/ gnat，sinner，din

/g/ give，beggar，fig　　/ŋ/ singer，thing

/f/ fin，coffer，cough　　/l/ lip，follow，call

/θ/ thin，Matthew，bath　　/r/ rip，arrow，car

/s/ sin，fussy，miss　　/j/ yet，high（§§ 2.9，3.4）

/š/ shin，fashion，rasb　　/w/ wet，how（§§ 2.9，3.4）

① 此处恐有误，疑为 zinc“锌”。——译者注

/v/ vine, cover, give　　/h/ hat, behave

辅音音丛大部分都是很明显的。为了用例子说明出现的辅音音丛的类型，我们列出了一张开首音丛的全表，其中不包括舌尖辅音＋/j/的组合（这种组合在我们这儿所描写的某些方言中很少），也不包括那些只在外国名称中才听到的为数不多的音丛。中间和收尾的音丛为数更多，不过并没有出现什么特殊的问题。

/pl/ play	/fr/ fry	/kw/ quit	/sθ/ sthenic
/kl/ clay	/θr/ thrive	/dw/ dwarf	/sm/ smile
/bl/ blame	/šr/ shrine	/gw/ Gwen	/sn/ snow
/gl/ glade	/pj/ pure	/θw/ thwart	/spl/ splash
/fl/ flame	/kj/ cure	/sw/ sweet	/skl/ sclerotic
/sl/ slay	/bj/ beauty	/hw/ white	/spr/ spring
/pr/ pry	/gj/ gules	/tš/ chain	/str/ string
/tr/ try	/fj/ few	/dž/ Jane	/skr/ scream
/kr/ cry	/vj/ view	/sp/ spill	/spj/ spew
/br/ bribe	/mj/ muse	/st/ still	/skj/ skew
/dr/ dry	/hj/ hue	/sk/ skill	/smj/ smew
/gr/ grime	/tw/ twin	/sf/ sphere	/skw/ squeal

以上这些音丛中只有四种需要说明。/hj/和/hw/出现在那些区别 hue“色彩”，Hughes“修斯，人姓”跟 you“你”，use“使用”并区别 whale“鲸”，whine“啜泣”跟 wail“痛哭”，wine“酒”的方言中。hue 和 whale 的开首音最通常是无声半元音，只是在元音开始之前才变成有声；把这类音分析为/h/＋/j，w/的音丛而不另外添置两个音位，要方便得多。当我们发现/h/的音位变体中也包括无

声的[j]和[w]的时候,不必感到奇怪。如果我们仔细地观察 he“他”,ham“火腿”,hoe“锹”,who“谁”的开首音,就会发现,在发这些词里的/h/的音位变体的时候,舌头和嘴唇恰恰处在(或接近)随后的元音所要求的位置;请参看§2.10(4)。我们用以下的说法来概括这些事实:在任何有声的音 x 之前,/h/的音位变体是跟 x 相对的无声的音;因此,我们把/h/的发音特征描写为后随有声音的部分无声或完全无声的前导。

chain“链子”和 Jane“人名”的塞擦音被许多音位学家当作单个儿的音位,往往写成/č,ǰ/。这样处理是有一些好处的;不过下面的考虑促使我们宁可把它们看成音丛。如果这两个音是单个儿的音位,那么它们是语音学上互相对应成对的无声音位和有声音位(如/p,b;t,d;f,v/等)之中唯一没有成员参加任何开首音丛的一对;也就是说,在任何英语标准方言中没有像/sč-,čl-/一类的组合。可是,这两个音在中间或收尾的位置上跟/ts,dz/和/tr,dr/情况相同,而这些都是音丛,绝错不了;试比较 Patsy“人名”和 hatchet“斧子”,Betsy“人名”和 wretched“悲惨”,buttress“后台老板”和 duchess“公爵夫人”,sudsy“起泡的”和 pudgy“矮胖的”,sundry“杂多的”和 spongy“海绵状的”,cats“猫”和 catch“抓住”,parts“部分”和 parch“烘”,rids“除去”和 ridge“山背”,builds“建筑”和 bilge“舱底”。此外,凡是发 fence“篱笆”,rents“地租”,hens“母鸡”,bends“弯曲”这些词时不管[-nts,-ndz]或[-ns,-nz]的区别的人(这样的人还相当多),在发 bench“板凳”,hinge“枢纽”这些词时也不管[-ntš,-ndž]或[-nš,-nž]的区别。所以,如果把这些塞擦音分析为/tš,dž/而不看作是单个儿的音位,就把整个结构的描写简单化

了，关于整个结构的描写必须既说明每一个音位又说明它们的分布。（至于 white shoes“白皮鞋”跟 why choose“为什么选择”之间的对立，最好用音渡的差别来解释。这种对立有的时候却被人用来作为建立单个儿音位/č/的论据）。

（4）元音。元音和二合元音组成了成节音音位，这样称呼是因为这些音在它们所处的音节中是作为高峰而出现的（参见§2.9）。英语的成节音用六个元音音位就可以作出完全而准确的描写，这些元音音位或者单独地出现或者同后面跟着的半元音一起作为音节的高峰而出现。在英语诸方言中，这些元音和二合元音的分布的差别，大于其他任何特征的差别。对于这儿所分析的方言来说，这些事实可以作如下的分类。

带有强重音的单元音只出现在闭音节（也就是以辅音收尾的音节）中：在 pit“凹地”/i/，pét“爱物”/e/，pát“轻拍”/a/，pót“壶”/o/，cút“切”/ə/，pút“放”/u/里是响重音；在（háir）-pîn“发针”，（púp）-tênts“帆布小帐篷”，（dóor）-mât“门前的擦鞋棕垫”，（ármy）-côt“行军床”，（téar）-dûct“泪腺”，（hánd）-bôok“手册”里是次响重音；在（cón）vìct“定罪”，（cón）tènts“内容”，（áuto）màt“自动装置”，（ápri）còt“杏”，（cón）dùct“行为”，（spóon）fùl“满匙子”里是中响重音。

带有弱重音的单元音遵循它们自己的规律。/i/和/ə/都是既出现在闭音节中又出现在开音节（也就是不以辅音收尾的音节）中，例如在 hábit“习惯”，hélping“帮助”，hábitàt“产地”里，以及在 cáutious“慎重的”，condémn“谴责”，sófa“沙发”里；/u/也出现在开音节和闭音节中，例如在 cáreful“小心”，éducáte“教育”里，不过通常总是被/ə/所代替。许多说这种方言的人把 hánded“递交”和 róses“玫瑰”的弱重音元音发成/i/(如 cándid“正直的”里的元音)或是/ə/(如 Rósa’s 里的元音);不过有些人把 hánded 和róses的弱重音元音发成跟/i/和/ə/都不一样的音,从音位上说是/e/。弱重音的/a/和/o/只在我们的方言的某几个变体中出现,而且只出现于紧接在响重音音节之前的闭音节之中,例如在 palpátion“摸”,àdvantágeous“方便”里和在Octóber“十月”,postérior“后面的”里。

成节音辅音[l̥,m̥,n̥],如在 gámboling“跳跃”,fáthoming“测深浅”和 évening“弄平”里的(跟 gámbling“赌博”,rhýthmic“有节奏的”和 évening“黄昏”里的非成节音辅音对比),可以容易地分析为/ə/+普通的/l,m,n/;fáther“父亲”,pertáin“含有”里的弱重卷舌元音可以如法炮制,分析为/ər/。

二合元音既出现在闭音节中又出现在开音节中:/ej/在 báy“湾”,báit“饵”里是响重音,在 vacátion“假期”的第一个音节里是弱重音;/aj/在 buy“买”,bite“咬”里是响重音,在 I knów“我知道”,my son“我的儿子”这样的短语里是弱重音;/oj/在 boy“男孩”,boil“煮沸”里是响重音;/aw/在ców“母牛”,bóut“一阵”里是响重音;/ow/在 gó“去”,bóat“船”里是响重音,在 wíndow“窗户”里是弱重音。这儿所描写的方言以及标准英语的其他大多数方言中,还必须加上这样一些情况:/ij/在sée“看见”,béat“打”里是响重音,在 cárry“携带”,cándied“糖煮的”里是弱重音(试比较 cándid“正直的”);/uw/在 tóo“也”,bóot“靴子”里是响重音,在 válue“价值”里是弱重音。

长元音既出现在闭音节中又出现在开音节中：cálm“平静”，fáther“父亲”里的/a·/；cáught“抓住”，láw“法律”里的/o·/。在see和too的成节音是非二合元音的方言中，是/i·，u·/。在yeah“是吗？（表示不相信）”里，[ɛə]或[æ^ə]的单音节组合可以分析为/e·/，因为这儿没有别的/e·/跟它对立。这个成节音，在我们的方言某些变种中，也在bad“坏”，adds“添加”，jazz“爵士音乐”，(tin)can“罐头盒”里出现，这些词有较长较高的元音，后面带有或不带有向中央移动的滑音，因而不同于bade“吩咐”，adz“锛子”，has“有”，(he)can“他能够”。最有效的分析是把这个右上方的点所代表的成分看成是单独的一个音位单位，它要求它前面的元音音位是该音位的一个特殊的音位变体——比其他位置上的音位变体长而且在音质上跟它们不同；在一定的元音之后，/·/这成分是作为非成节音的[ə]而出现的。

/·/跟[h]处于互补分布之中：后者只作为开首音和中间音而位于弱重音元音或一定的辅音之后，前者决不出现在这些位置上。从语音学上看，/·/这成分是前面元音的有声的继续，具有同样的或是逐步中央化的舌位；因此除了有声以外，这个成分跟上面所描写的/h/正相反，后者在上文被描写成后随有声音的部分或完全无声的前导，根据分布和语音相似的原则，我们可以把[h]和“延长成分”归并为一个音位，写成/h/来简化我们的记音；并且相应地把前一段所讨论的组合写成/ih，eh，ah，oh，uh/。由于/h/在这儿跟前面的元音形成复合成节音，如同/j/和/w/，我们把/h，j，w/归在一个结构组里（参看§3.5），称它们为半元音，尽管这术语的语音学定义（参看§2.9）并不适用于[h]。

只有当弱重音的元音紧跟在辅音/r/之后，这个辅音前面的单元音才带有强重音，如在 mirror“镜子”，merry“快活”，marry“结婚”，sorry“抱歉”，hurry“赶快”，jury“陪审员”里。在收尾的/r/之前，我们发现有六个对立的成节音，如在 beer“啤酒”，bear“负担”，bar“棒”，bore“孔”，burr“磨石”，boor“农民”里，这些成节音也出现在这样一些词里，如 dearer“较贵重的”，Mary“玛丽”，starry“星夜的”，story“故事”，furry“毛皮制的”，Jewry“犹太人”。在这后面的一组词中没有一个词跟 mirror-jury 组中的任何一个词押韵。请注意在 beer-boor 组和 dearer-Jewry 组中的某些成节音，跟上面所分析的元音＋/h/组成的成节音相似，我们把 beer-boor 组写成/bíhr，béhr，báhr，bóhr，bə́hr，búhr/。

我们把 pat“轻拍”，bite“咬”，cow“母牛”，calm“平静”（或者 pot“罐儿”，boil“煮”，boat“船”，law“法律”或者 cut“切”，burr“嘎嘎声”）的成节音看成在音位上有关，当然，这并不是说在语音上它们都包含相同的元音。我们所作的分析只不过意味着，为了使我们的语言描写简化和系统化，而把某些客观上不同的语音范畴归在一起了；这既没有否定它们之间的差别，也没有认为这些差别不重要。在同一个音位的音位变体之间，语音上的分歧毕竟不是少见的；我们只要求这种音位变体是互补分布的，而且为其他音位的成员所没有的语音特征或特征的组合所标志出来。对于上述的六个元音音位中的每一个，我们按照以下的描写把舌位的一定的变动范围作为标志性的特征：/i/高，不后；/u/高，不前；/e/中，前；/a/低，不后；/o/不高，后；/ə/中，央，或许不如说是所有其余的元音音质，包括成节辅音的成节性。请注意我们的描写没有一一指出确切的舌位和唇位;每一个音位变体的这些位置都不相同,不过总在我们所确定的范围之内。

下列的表概括了我们的分析而且表示出这六个音位中每一个音位的音位变体的分布情况。这个表只适用于这儿所描写的方言;英语的别种方言要求基本上相似但又不同的配列。即使对这个方言来说,我们并不宣称这张表是尽善尽美的。(在这表中,V＝这六个元音音位中的任何一个音位。)

	/V/	/Vj/	/Vw/	/Vh/	/Vr/	/Vhr/
/i/	pit	beat	—	—	mirror	beer
/e/	pet	bait	—	yeah	merry	bear
/a/	pat	bite	bout	calm	marry	bar
/o/	pot	boil	boat	law	sorry	bore
/ə/	cut	—	—	—	hurry	burr
/u/	put	—	boot	—	jury	boor

(5)语调。在美国英语中,句子的重音特征到目前为止几乎还不为人所知;在这儿只能举出语调的主要类型。似乎有四种主要的话语收尾的语调:陈述/·/,是非问/?/,特指问(包含一个特殊疑问词的问话)/¿/和感叹/!/;例如,John is going away“约翰要走了。”/·/,John is going away/?/或 Is John going away/?/“约翰要走了吗?”,Where is John going“约翰要上哪儿去”/¿/或 Who is going away“谁要走”/¿/,John going away“约翰走开”/!/。非收尾语调有连续/,/和暂停/../两种;例如 Unless I can stop him/,/John is going away“除非我能阻止约翰,他就要走了”,well/../perhaps“嗯,也许”。

对照语调/ ¡ /,既包括正常句调的改变又包括超响重音,它可以落在句中任何一个词或音节上,甚至落在一般带弱重音的音节上;例如(Is Bill going away? “皮尔要走吗?”)No/,/John/ ¡ /is going away“不,是约翰要走”,(John is not going away,is he? “约翰不会走,是吗?”)Yes/,/John is / ¡ /going away“不,约翰要走”,I said il / ¡ /lusion/,/not al/ ¡ /lusion.“我说的是幻觉,不是讽刺”。其他区别性的语调以及在不同结构中词的相对重音的论述,要等进一步研究后再说。

第四章　形态学

4.1　语法分析的性质

我们分析一种语言的语法的工作程序，在原则上跟音位学中所用的并无不同。在这方面，我们仍然是考察收集来的一些话语，把重复出现的片段排列起来，把形式和功能上相似的一部分不同的话语归并在一起，然后分成不同的类别。音位分析必须在前（参看§3.2），因为在语法分析中排列起来并加以比较的话语片段不是语音，而是用音位学的方法记录下来的有意义的形式。

在这两种分析工作之间有一个重要的差别抵消了它们在技术上的基本相似之点。音位是没有意义的；譬如要寻找在 see“看见”，slope“斜坡”和 solitude“寂寞”里/s/的意义，这是荒谬的。但是在一种语言的语法中的每一个成分——一个词、一个词尾、一个句子或者任何可能有的成分——不仅有以音位的特殊组合所表达的**形式**，而且还有**意义**。诚然，某些意义的考虑甚至应当包括到音位学中去；比如说我们知道[pʻ]和[p$^{=}$]属于同一个音位，因为[ripʻ]和[rip$^{=}$]指的是同一件事，而[pʻ]和[b]属于不同的音位，因为[ripʻ]和[rib]的意义不同。为了要决定这个问题，我们只需要问一下这两个话语片段在意义上是否相同；可是在语法中，这方面需要更加具体。prince“公子”，boy“男孩”，princeling“小公子”，boiling“沸腾”这四个词各有不同的意义；只有缜密地考察每一个词，我们才不会作出下面这个荒谬的对比：prince∶princeling＝boy∶boiling。

在分析中需要注意意义，这件事引起了实际的困难。如在§1.2中所谈到的，我们很难恰如其分地给意义下个定义：甚至像prince“公子”，boy“男孩”，boil“煮”这样一些词的具体意义也不容易规定得能够包括这些词的一切用法（试比较：a prince of a fellow，oh boy，a boiled shirt）；而像-ling和-ing这样一些成分的意义就更加难以捉摸了。然而，要给任何一个词或别的语法成分确立一个实际有用的定义也还是可能的。只要我们记住这只是权宜之计，而且没有一种定义可以用于一种以上的语言和方言，那么在处理有意义的形式时我们就不会有什么困难。

我们把一种语言的语法分为两个主要部分。形态学管词的结构，句法管短语中和句子中的词的组合。这一章专论形态学，句法留在第五章里论述。

（为了读起来方便，这两章里我们所举的英语的大多数例子都是用传统的拼写法写的。只有在一般的拼写有碍于讨论时才用音位记音。我们这样做的根据是认为读者对英语已经很熟悉。如果英语对于读者是一种外语，那么传统的拼写对于要求把语法处理得容易了解这一点说来自然是完全不适宜的。）

4.2 词和语素

当我们考察一个发音人或是一个言语社群被记录下来的话语

时，我们会发现相同的或相似的形式以相同的或相似的意义反复出现。譬如，一个说英语的发音人的话语包括好些这种形式的例子，如 yes“是的”，person“人”，I think so“我想是的”，out of town“城外”，每次说的时候都带有大致相同的意义，还有好些形式不同而音位上有关的例子，如：play“游玩，现在时”，plays“游玩，现在时第三人称”，played“游玩，过去时”，playing“游玩，现在分词”，或者 ride“骑，现在时”，rides“骑，现在时第三人称”，rode“骑，过去时”，ridden“骑，过去分词”，riding“骑，现在分词”，又如 man“男人”，manly“男性的”，mannish“男子似的”，或者 conceive“想象”，perceive“知觉”，conception“概念”，perception“知觉作用”，perceptive“知觉的”，这些形式具有彼此不同而又有关的意义。

在这些反复出现的基础上，我们把话语分成不同长度的片段，每一段都有或多或少的固定的意义。在日常言语中，任何一个具有意义而且又能单独说的片段就是自由形式；凡是出现的时候本身从来不具有意义的片段就是黏附形式。前一段中所举的例子都是自由形式；per-，con-，-ing，-ly，-ish，-ceive，-tion 都是黏附形式。

一个自由形式如果不能整个儿地再分为更小的自由形式就叫作最小的自由形式，也就是词。在多数的语言中，有些词可以分析成更小的部分，即黏附形式或者跟黏附形式组合在一起的自由形式；有时甚至于不妨把词这个术语用于非最小的自由形式，也就是在结构、重音或意义的某些特点上跟短语有差别的比较短小的词的组合。凡是含有一个或更多黏附形式的词叫作合成词，而整个由一些较短的词组合成的词叫作复合词。（在下面的 §§ 4.3—8 中将专门论述合成词，在 § 4.9 中将讨论复合词。）

任何形式，不论是自由形式或黏附形式，只要不能再分为更小的有意义的部分，就叫作语素。譬如：man“人”，play“游玩”，person“个人”，都是各自包含一个单个儿语素的词；manly“男性的”，played“游玩过”，personal“个人的”是合成词，因为其中的每一个词都包含一个黏附语素（-ly，-ed，-al）；man-child“男孩子”，playmate“游伴”，salesperson“货郎”，都是复合词。

语素在合成词或复合词中的组合方式叫作形态结构。

4.3　派生和屈折

对于某些语言来说，按照组合起来的形式的语法功能，把合成词的形态结构分成派生的结构和屈折的结构，这样一种区分是有好处的。如果一个合成词在语法上相当于一个简单词（一个语素）——也就是说在短语结构中以及更大的形态结构中起着跟一个简单词相同的作用——我们认为这个合成词是从某个基础词或基础语素派生出来的。如果一个合成词在它所出现的一切结构中，在语法上不等于任何一个简单词——也就是说如果没有一个简单词能够跟这个合成词一样在任何地方都起着完全相同的作用——我们就认为这个合成词是屈折的。

合成词 manly“男性的”，perceptive“知觉的”，在语法上相当于这样一些简单词，如 good“好”，bad“坏”，wide“宽”，也就是说像 a manly deed“男子汉的事儿”，a perceptive child“聪明的孩子”这样一些短语跟以下的短语有相同的句法结构，如 a good deed“好事儿”，a bad child“坏孩子”，a wider river“一条宽一些的河”（参看

第五章）；而 manlier（建立在 manly 的基础上）跟 wider（建立在 wide 基础上）这样的词具有相同的形态结构。同样的，manhood“男子”，perception“知觉”这些合成词跟 house“房子”，book“书”相等（试比较 his perception was acute“他的知觉是敏锐的”和 his house was old“他的房子是旧的”，或者比较 perceptions 和 books）。另一方面，在这样的句子如 He was playing the piano“他正在弹钢琴”里的合成词 playing，跟任何简单词在语法上都不相等：没有一个简单词能够出现在同样的句法结构中相同的位置上。合成词 cats（cat＋-s）在短语 fond of cats“喜欢猫”（fond of wine 等）里可以用 wine“酒”或 fun“开玩笑”这样的词代替，但是在很多结构中它却不能够同样地被代替，如 these cats（this wine），there are cats here（there is wine here）。

再举一些拉丁语的例子可以帮助我们弄清楚派生和屈折之间的差别。由黏附语素 vēnā-“打猎”（在 vēnāti“打猎”里也一样）和 -tōr-（当它在词尾位置上出现时元音就变短了）组成的词 vēnātor“猎人”，在语法上等于一个单个儿语素的词，如 vir“人”或 passer“麻雀”，因为在下面这两个句子里：Vēnātor ursum occidit“猎人杀死了熊”，其中的 Vēnātor 和 vir 在结构中起着相同的作用，而且因为 vēnātōr-is“猎人的”的形态结构跟 passer-is“麻雀的”的形态结构完全一样。因此，我们可以说 vēnātor 是从基础语素 vēnā-派生出来的。另一方面，由自由语素 passer“麻雀”和黏附语素-is（单数属格）组成的 passeris 这个词是屈折的；因为在拉丁语中没有一个单个儿语素的词能够在 caput passeris“麻雀的头”的短语中起着跟 passeris 同样的语法功能。

在这一章里从头到尾都必须清楚地了解和记住：派生这一术语是用在描写的意义上而不是用在历史的意义上。例如，当我们说 song“歌”是从 sing“唱”派生出来的(参看 § 4.7)，我们的意思是：这样一种陈述在现代英语语法中是描写一个词跟另外一个词的关系的最方便的方法。我们并不是说在英语编年史的发展中，其中的一个词出现得晚于另一个词，而且它最初是作为旧词的变形而进入这种语言的。事实可能是这样也可能不是这样。不过对于我们的目的来说——这个目的，正如我们此刻所要说的，只不过是要尽可能有效地描写一种语言的结构——一切历史的因素都是无关的。

4.4 聚合体

在任何语言中，只要它的形态结构是属于上一节所描写的那两种结构，那么组成合成词的语素一般可以归入三类，这三个类分得相当清楚。

第一类：绝大多数的语素既出现在派生结构中又出现在屈折结构中；在英语中，它们主要是自由语素，在拉丁语中，它们主要是黏附语素，如英语 man，play，cat，-ceive，拉丁语 vēnā-，vir。

第二类：某些语素伴随着第一类语素形成派生结构(派生词)；这一类语素总是黏附的，如 manly 里的-ly，goodness“善良”里的-ness，renew“更新”和 receive“接收”里的 re-，拉丁语的-tōr-。

第三类：数目有限的一部分语素——在英语中不超过一打，在拉丁语中大约有 200 个——伴随着第一类语素形成屈折结构(屈折词）；这些语素也总是黏附的，如 cats 里的-s，helps 里的不同的-s（这两个语素之所以不同是因为意义不同："复数"和"第三人称单数"），played 里的-ed，playing 里的-ing，拉丁语 passeris 里的-is。

为了要描写一个合成词的结构，我们必须说明四点：每一个作为组合成分的语素所属的类，语素被配列在其中的次序，标志这个词的音渡和重音的特征，语素在组合过程中某些音位的变异（假如有任何音位变异的话）。为了方便起见，我们不妨把每一个合成词中每一类的语素看成词根，其他的语素是作为附加成分加在词根之上的。由于第一类语素在数量上总是超过其他两类语素，这样处理的结果就会得出最少数目的不同结构。

含有共同词根的一组有关的词以及所有可以加在这个词根上面的附加成分构成了聚合体。在宜于区分派生和屈折的语言中，我们可以分出派生的聚合体（带有第二类的附加成分）和屈折的聚合体（带有第三类的附加成分）。譬如在英语中，man"男人"，manly"男子气概"，mannish"男子气"，manful"雄伟的"，manhood"成年男子"，manikin"人体模型"，unman"失去男子气概"，这些词——词根 man 和它所有的派生结构——组成一个派生的聚合体；cat"猫"，cat's"猫的"，cats"猫，复数"（后面两个词形式一致而意义不同）和 play，plays，played，playing 这些词组成了屈折的聚合体。我们大多数人对于拉丁语的聚合体比英语的聚合体更为熟悉，因为我们记住了这样一些典型的聚合体，如 amīcus amīcī，amīcō，amīcum 等，和 amō，amās，amat，amāmus 等。

我们不妨把聚合体这个术语的意义扩大到包括任何一组词，

只要它们带有共同的词根(因而带有共同的意义成分)哪怕它们有着各种不同的变异;甚至不具有共同的意义成分的不同的词根的词也可以构成一个聚合体,只要它跟这语言中别的聚合体相当就行了。

4.5 形态手段

把一个聚合体中作为组合成分的各个词区别开来的方法就叫作形态手段。这种手段可以分为五类,其中的第一类在上一节已经讨论过了。

(1)附加法。我们曾经把第二类和第三类的语素确定为附加成分,它在派生和屈折的词中跟第一类的语素组合在一起。凡是在不需要或者不可能把合成词分为这两类的语言中,附加成分可以确定为黏附语素,它跟其他更多的语素(根据那种语言的习惯,它们可以是自由的也可以是黏附的)组合成意义上有关联的一组封闭的词,各组之间的词在意义上是不同的。

按照位置的不同,附加成分共分为三种:加在词根前的前加成分,加在词根后的后加成分和插在词根中间的中加成分。在英语中,像 de-,re-,un-,ex-这样一些前加成分只用于派生结构而不用于屈折结构;后加成分可以用于这两种结构:-ly,-ness,-tion 用在派生结构中,-s,-ed,-ing 用在屈折结构中。在拉丁语中也是这样的,但是别种语言有它们自己的习惯。在契切瓦语(Chichewa,非洲中部的一种 Bantu 语)中,词根/-nthu/“个人”有/muunthu/“人物”和/bhaanthu/“人物,多数”的屈折结构以及/tšiinthu/“事物”

/kaanthu/“某些东西”，/tuunthu/“严重的困难”的派生结构。在伊洛卡诺语（Ilocano，吕宋的一种菲律宾语）中，有/kita/“一瞥”：/k-in-íta/“被看见的事物”的屈折中加成分。（：这符号表示“跟……有关”或“同……比较”。除非明确地规定为别的意思，否则连字符在本章的例子中都是用来标志形态的分界。）

（2）内部变化。在形式和意义上有关的两个或两个以上的词，可能在词根本身的某个音位或某些音位上彼此不同；那么，有一个词根可以描写为在同一个聚合体里用内部变化的手段从另一个词根派生或屈折而成的。在英语中，sing：song 这对词跟fly/fláj/：flight/fláj-t/相似，组成了派生的聚合体；sing：sang：sung 跟 play：played：played 相似，是屈折的聚合体的成员。这些例子说明了元音的变化。

名词 house/háws/“房子”和动词 house/háwz/“造房子”表现了辅音的变化；类似的聚合体有 belief“信仰”：believe“相信”，sheath“鞘”：sheathe“装鞘”，advice“意见”：advise“忠告”。breath /bréθ/“气息”：breathe/bríjð/“呼吸”，表现了影响到词根的成节音和收尾辅音的内部变化。

内部变化也可以影响到词根或整个词的重音，在这同时，它可以有或者没有元音和辅音的变化。tránsfèr（名词）：trànsfér（动词）“转移”，ímpòrt：ìmpórt“输入”只有重音的变化。conflict /kónflìct/“矛盾”：conflict/kənflíkt/“冲突”，fréquent（形容词）/fríjkwənt/“经常”：frequént（动词）/fri(j)kwént/“常去”是元音变化和重音变化结合在一起。

内部变化可以标示不同的词根，同样也可以标示不同的附加成分。由于词根的最后的音位的不同，加在英语名词上构成复数的有规则的后加成分以三种不同的形式出现：如果词根以/s，z，š，ž/收尾就是/-ez/（在某些方言中也可以是/-iz，-az/）；如果它以任何有声辅音收尾（除了/z，ž/以外）就是/-z/；如果它以任何无声辅音结尾（除了/s，š/以外）则是/-s/。我们管/-ez，-z，-s/这三种形式叫同一语素的交替形式。在像 rises“升起”，plays“游玩”，helps“帮助”这样的动词里，构成第三人称单数现在时的后加成分就是上述的三种交替形式；在像 handed“握”，played，helped 这样的动词里，构成过去时的后加成分有/-ed，-d，-t/这三种交替形式，它们也是自动地受词根最后的音位决定的。

词根中的内部变化往往还伴随着附加法。flee“溜走”，say“说”，tell“告诉”这样一些动词就是用改变词根的成节音并加上/-d/（fled，said，told）来构成它们的过去式的；creep“爬”，keep“保持”，weep“哭泣”以及好些别的动词改变成节音并加上/-t/（crept 等）；leave“离开”和 lose“漏掉”既改变成节音又改变在后加成分/-t/前的词根的最后的辅音（left，lost）。在§4.8 中我们还可以看到许多别的例子。

研究以内部变化相互关联的语素中音位间的交替就是形态音位学。

（3）重叠。重叠是全部词根或部分词根的重复，这种重复可以有内部变化也可以没有，它可以发生在词根本身的前面，也可以发生在后面。这方法对于希腊语的研究者是很熟悉的，因为它是动词合乎规则的完成式的一个特点，譬如在 λείπω/leip-o/“我离开”里，完成式 λέλοιπα/lé-loip-a/“我已经离开”。在这个例子里，词根/leip/在完成式里有内部变化如/loip/，而且还以具有内部变化的一部分词根作为前加成分加到原来的词根上去。在拉丁语中，can-ō“我唱”有完成式 ce-cin-ī，其中词根 can-发生了内部变化，变成了 cin-并有 ca 的部分重叠，而 ca-又发生了另一种内部变化，变成 ce-；还可以比较一下拉丁语 cae-dō“我杀”：ce-cīd-ī“我杀过”，tang-ō“我接触”：te-tig-ī“我接触过”。（在最后的例子里，词根 tang-变为 tig-的内部变化包括失去中加成分-n-。）

在岛斯语（Taos，新墨西哥的一种印第安语）中可以找到在词根之后重叠的例子。它的某些词根在加某些名词后加成分之前重复最后的元音，例如/cì-ʔí-ne/“结”（其中 ` ＝次要的正常重音，′＝主要的正常重音，c＝英语的 ch）有词根/cí/“他打了结”，重复最后的元音/i/并且用一个喉塞音把两个元音隔开，再加上后加成分/-ne/。

在英语中，重叠在屈折中不起作用，而只在派生中起有限的作用；试比较 papa“爸爸”，choochoo“吃吃”这种婴儿的话和 wigwag“摇摆”，crisscross“十字号”，razzle-dazzle“混乱”这种组合，在后一种组合中，重叠和内部变化是结合在一起的。

（4）异根互补。异根互补可以看成一种极端的内部变化，其中整个儿词根——不仅仅是它的一部分——被另一个形式所代替。英语的聚合体 go：goes：went：gone：going“去”在好些方面是不规则的，其中之一就是在过去时的形式中词根 go 被一个完全不同的词根 went 所代替。（另一种可能更为有效的解释就是把过去时的词根看成 wen-，后加成分/-t/代替了/-d/加到词根上，/-d/一般是跟在最后具有有声辅音的词根的后面的。）聚合体 be：am：

is ∶ are ∶ was ∶ were ∶ been ∶ being“是”更加不规则，其中的三个形式 be，am 和 are 相当于单个儿形式 play，而 was 和 were 相当于在合乎规则的聚合体 play ∶ plays ∶ played ∶ playing 中的单个儿形式 played。又如，英语单音节的形容词按照规则是把后加成分/-ər/加到词根上构成比较级，例如 tall ∶ taller“高”，但是形容词 good 在这词尾之前有一个异根互补的词根 bet-，而 bad“坏”单单用异根互补来形成它的比较级（worse“更坏”），根本不用后加成分。拉丁语中异根互补的例子如 fer-ō“我携带”∶ tul-ī“我携带过”（跟 am-ō“我爱”∶ amā-vī“我爱过”相似），bon-us“好”∶ mel-ior“较好”∶ opt-imus“最好”（跟 alt-us“高”∶ alt-ior ∶ alt-issimus 相似）。

词根不同但语义成分相同的每一组词并不一定都是异根互补的聚合体。动词 laugh“大笑”和 smile“微笑”在意义上显然有关，但是这关系（我们可以说成属于某个动作的程度或强度）在英语中并不是由任何一种语法范畴来表示的：例如，没有一种后加成分能够加到词根上去表示这个动作的程度或强度。把 laugh ∶ smile 看成一个聚合体并不能达到任何有用的目的。只有当语言中有“非异根互补”或“规则的”聚合体跟异根互补的聚合体相对应，而且在异根互补的聚合体的内部成员之间在意义上有一定的关系，就像规则的聚合体的内部成员之间的关系一样，在这种情况下，我们才能说这种语言中有异根互补的聚合体。

即使有上述的情况，把两个或更多的相互有关的词列为聚合体也并不总是有利的。形容词 lofty“崇高”和动词 elevate“举高”之间意义上的关系，跟形容词 deep“深”，darken“发黑”，fatten“发胖”之间意义上的关系几乎是相同的，但是把 elevate 描写为用异根互补法从 lofty 派生出来是没有什么好处的。只有当一些有着词根不同而意义相关的一些词在一种语言的语法系统中占有一个位置，我们才把它们组合成一个异根互补的聚合体。譬如，在现代英语口语中，除了 go 和 be（以及 am，is，are）之外，每一个动词都有一个跟现在时词根音位上相似的过去时，而每一个过去时形式，除了 went 和 was/were 之外，跟音位上相似的现在时词根相对应。因此，英语的动词屈折的系统最简单的描写，就是把 went 跟 go 配在一起，把 was/were 跟 be 配在一起。同样的，英语中每一个单音节的描写性形容词，除了 good，well，bad，ill 以及少数别的形容词以外，都有音位上相似的比较级的形式（尽管有些卖弄学问的人创造了关于 dead，round，square 这样一些形容词的不变性的荒谬的“规则”）；而且几乎每一个比较级的形式，除了 better，worse 以及少数别的比较级形式之外，都跟音位上相似的原级词根相对应。所以，屈折系统最有效的描写就是把 good（以及 well）跟 better，把 bad（以及 ill）跟 worse 归在一起，如此等等。

跟异根互补的词根一样，也还有一种异根互补的附加成分。后加成分/-ez，-z，-s/构成英语中大多数名词的复数；但是 ox“公牛”的复数是用后加成分/-ən/构成的，而 child“小孩儿”是用后加成分/-rən/（还加上词根的内部变化）构成的。后加成分/-ən，-rən/对于规则的后加成分/-ez，-z，-s/说来是异根互补的后加成分。

（5）零变异。在描写一种语言的形态时，提出零变异（零附加成分，零变化等等）往往是有用处的。假如一个特定的范畴的多数聚合体(例如,单数∶复数,或者现在时∶过去时,或者名词∶派生的动词)都用一个特定的后加成分或一套后加成分来区别作为组成成分的词,而且假如在同一个范畴里的少数聚合体没有这种特征而且也没有任何别的特征来区别它们的作为组成成分的词,那么我们就可以说这些不寻常的聚合体有一个零后加成分——即一个空的后加成分,以此来简化我们对于整个结构的描写。例如,绝大多数的英语名词用加一个后加成分到词根上的手段来构成它们的复数(一般是/-ez,-z,-s/,但有的时候是别的后加成分,请参看上一节);少数的名词单用内部变化来构成复数(man,woman,goose,mouse 等等);而有些名词复数在形式上跟单数一样(sheep,deer 等等)。由于这最后一类的名词在句法上跟规则的单数和复数起的作用一样(试比较:The sheep is running"这只羊正在跑"∶The sheep are running"这些羊正在跑"就跟 The dog is running"这只狗正在跑"∶The dogs are running"这些狗正在跑"一样),我们可以看到,如果我们在处理英语形态学时,把 sheep"羊",deer"鹿"和类似的词,看成是用加上零后加成分的手段来构成它们的复数,这些成分跟规则的后加成分/-ez,-z,-s/是一种异根互补的关系,那么它的句法描写起来就最方便。参看§5.7(1)。

用标示不同的聚合体的形态手段去把英语方言的动词分类,这对于学习者将是一个很有用的练习。下面的表包括了 85 个词根。对于每一个词根,学习者应当构成一整套屈折形式,把所有的形式都用音位的标音写出来(参看第三章),而且确定它们形态学的手段——附加法、内部变化、异根互补、零变异或者这些手段的综合运用——聚合体的内部成员就是用这种手段加以区别的。最方便的做法是把在音位上不同的形式的数目最多的一种作为标准的聚合体（例如 sing ∶ sings ∶ sang ∶ sung ∶ singing）而把形式数目较少的聚合体跟标准聚合体去加以对比（例如在 play ∶ plays ∶ played ∶ playing 这一组里 played 这个形式相当于 sang 和 sung 两个形式）。有些聚合体可能会缺少一个或更多的成分（例如在 shall ∶ should“将要”这一组里，没有相当于 singing 或 playing 的形式）。要仔细地注意一切不规则现象，还要注意同等的形式之间有可能选择的一切情况（例如，throve 或 thrived，thriven 或 thrived“兴旺”；spelt 或 spelled“拼写”）。当所有的聚合体都已经分出来了，学习者应当根据它们包含的音位上不同形式的数目以及它们的成员的形态构造把这些聚合体加以归类。

bear	catch	drive	hate	mean	see	speak
beat	choose	eat	have	meet	seek	spill
bend	climb	fall	hear	must	sell	stand
bid	come	feel	heave	need	shed	stride
bite	cut	find	help	ought	shoe	strike
blow	deal	fight	hit	pass	shoot	swell
break	dig	flee	hold	praise	show	take
bring	dive	fly	leave	preach	shrink	teach
build	do	get	lose	ride	sit	think
burn	draw	give	love	ring	slay	urge
buy	dream	go	make	run	sleep	will
can	drink	hang	may	say	slide	work
cast						

4.6 词类

一种语言的词往往根据它们的形态结构或者句法功能分成两个或更多的类。这些类相当于我们从传统的学校语法中熟悉了的“词类”。在学校里一般学习的语言中，这种分类主要是根据屈折；可是在许多语言中根本没有屈折，或者没有足以作出有效分类的屈折。在这样的语言中，词只有根据它们在短语和句子的结构里的功能才能分类(参看第五章)。

在有屈折的语言中，达到有效分类的第一步就是把从来不出现在屈折的聚合体中的词分出来(在英语中，像这样一些词：but“但是”，what“什么”，from“从”，five“五”，gosh“天哪！”)；这些词必须依靠句法功能来进行分类。如果在某种语言中只有一种屈折范畴——也就是说如果所有的聚合体在各自的组成成员之间表现了意义上的相同的关系(参看§4.11)——那么这种语言在我们分析的这一步上只有两种词类：屈折词和非屈折词。如果有两种屈折范畴——如果所有的聚合体在各自的组成成员之间表现了在意义上两种不同的关系——那么我们再加上一个词类，以此类推。

我们给这些类所定的名称是无关紧要的。通常我们保留传统的术语，而且给那些在外语中功能大致相当于英语或某些别的熟悉的语言中的名词、动词和形容词的类标上名词、动词和形容词。最好对于每一种新的语言创立一个新的术语；否则我们必须经常记住：在外语中我们给标上名词的类，可能几乎在各个方面都根本不同于英语或拉丁语的名词，而且也可能有表示完全不同的语法意义的屈折，如果有的话（参看§4.11）。仅仅由于我们决定用相同的名称来称呼两种语言中的某些词，于是把一种语言的语法习惯和范畴加于另一种语言上的错误，跟其他一般的错误比起来对我们的描写更为有害。为了认识这种危害，我们只要想一下由于被硬塞进拉丁语术语的模子里，英语语法被如何地歪曲了——不仅在教科书里甚至还在某些科学的语言学著作里。我们有很多人曾经看到过这样一些书，譬如，在那些书里，英语的名词被说成具有在对拉丁语名词的描写中所必要的同样的格（或其中的某些格）。在这样的描写中，像名词 John 有时被说成是主格（John ran away“约翰跑开了”），有时是宾格（I saw John“我看见约翰”），有时是与格（I gave John an apple“我给了约翰一个苹果”），有时是呼格（John，come here“约翰，到这儿来”）。这些语法所造成的危害也许不是很大，因为读它们的人已经会说英语了；但是如果这样的偏见影响到我们所不知道的语言的描写，那么它不仅使说明复杂化，而且往往使人忽略一些重要的语法特点，那些特点在我们比较熟悉的语言中正好是没有的。

形态学的分类可以用拉丁语中的某些词类来说明。有数和格的屈折的词叫作名词。其中，不兼有其他屈折的词叫作体词，而兼有性和比较级屈折的词叫作形容词。代词是体词之下的特殊的次类，它以人称来分类，而且表现出某些不同的特点。按照人称、数、时、式、态等屈折的词叫作动词。某些词处于这两类之间；比如分词，实质上是形容词，但也有某些动词的特征。

屈折的词的句法分类（例如拉丁语中分为副词、前置词、连接词和感叹词)完全是另一种方法(参看第五章)。这两种方法必须小心地区分,虽然我们的学校语法习惯地把它们混淆了。

4.7 派生词的处理

在一种语言的语法中,如果合成词可以很容易地区分为派生的和屈折的两类,而复合词在形式上跟短语是不同的(参看§§4.2,3),那么通常都把派生和复合放在一起作为构词法的两个方面。派生和复合是形态学的一个重要的部分,虽然在许多语法著作里,由于作者对于屈折的聚合体的偏爱,而把这一部分放到了次要的地位。实际上,不论是派生和复合,都应当而且可以像屈折一样系统地加以处理。在本节和以下三节中,我们仅仅就这方面的描写作几点说明。

在描写派生的聚合体的成员时,一般说其中的一个成员是基础词,另一个成员就是由它派生的。譬如说在 man : manly : manhood 的部分聚合体中(由于并非所有的成员都在这儿列出来,所以是部分的,参看§4.4),其中最后的两个词是用加上后加成分-ly 和-hood 的手段从基础词 man 派生出来的。然而有时情况并不如此清楚。在 sing : song 的聚合体中,哪一个是基础词哪一个是派生词呢?如果这种聚合体的一个成员在它的屈折中是不规则的,我们会发现把不规则的成员看成基础词可以使得整个儿的组合大大地简化。(它的好处在于,我们若是这样做,在描写派生的过程时,就不用给我们的说明硬加上一些特殊的规则,来概括一些不规则的现象。)由于 song 这名词是规则地屈折的(song :

song's：songs，它们跟英语的大多数名词一样），而 sing 这动词是不规则地屈折的（sing：sings：sang：sung：singing，它们脱离了最为一般的模式 play：plays：played：played：playing），在描写的说明中，我们发现把这儿的名词说成从动词派生出来最为简便。部分聚合体 man（名词）：man（动词）中的两个成员是以零变异来区别的，其中的名词在屈折上是不规则的（man：man's：men：men's），而动词是规则的（man：mans：manned：manned：manning），所以在这儿我们说动词是从名词派生出来的。最后，在某些聚合体中，我们根本找不到形态的标准来进行选择；譬如说名词 hand“手”和动词 hand“交付”二者都是有规则地屈折，因而随便哪一个都可以描写为另一个的派生词。在这样的聚合体中，基础词的选择仅仅是根据方便来确定的：哪一个在最后证明比较简单就选择哪一个。

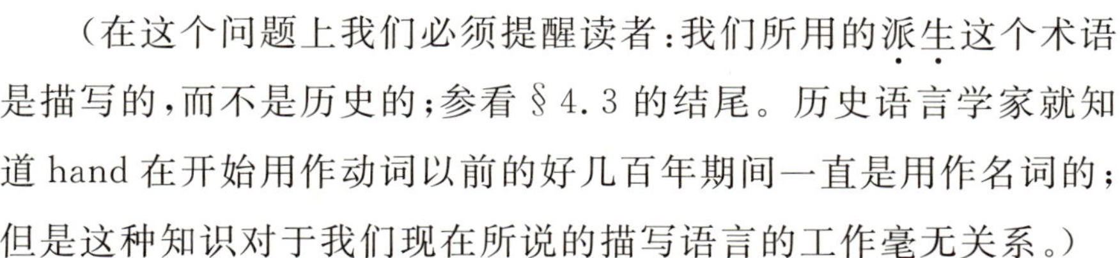

（在这个问题上我们必须提醒读者：我们所用的**派生**这个术语是描写的，而不是历史的；参看 § 4.3 的结尾。历史语言学家就知道 hand 在开始用作动词以前的好几百年期间一直是用作名词的；但是这种知识对于我们现在所说的描写语言的工作毫无关系。）

一种语言的派生词可以用两种方式系统化：一种是根据本身的形态手段，另一种是根据聚合体的成员所属的词类。我们可以用英语的某些例子来说明这两种方法。

（1）**附加法**在英语派生词的组合中是最为普通的一种方法。而且，很多附加成分是能产的，这就是说，一个说英语的人可以把这些附加成分加到适当的词根上去构成新的派生词，而那些新构成的派生词是他从来没有听到过的。下面的表只是一个样品，读者还会碰到许多别的附加成分。请注意某些附加成分经常带有强重音，另外一些附加成分经常带有弱重音，而还有别的一些附加成分要求把强重音放在词根的某个音节上；在词根和附加成分之间在音渡上也有差别，这些都必须包括在英语语法的科学描写中。（这些例子中的连字符标示开音渡。请注意各个方言在重音模式和音渡上的重要的差别。）

前加成分：afóot，ánte-rôom，ânti-clímàx，befríend，bíplâne，conténd，debáse，dè-fróst，dìs-belíeve，êxkíng（or éx-kîng），exténd，forgíve，ìnhùman，inténd，mìscóndùct，mís-dêed，nónsènse（or nónsense），nôntéchnical，preténd，prê-wár（or pré-wâr），ùn-kínd，ùn-cóver.

后加成分：láudable，betráyal，históriạn，drúnkard，èleméntary，kíngdom，pròfitéer，wóoden，dríver，cóuntess，ártful，béautifỳ，bóy-hood，chíldish，humánity，réstless，prínce-ling（or prínceling），mán-ly，státement，slý-ness，pómpous，hárd-ship，tíresome，gángster，stóny.

contend"竞争"，extend"护展"，intend"打算"，pretend"假装"这些词说明了并不是所有的合成词都是从一个独立的基础词派生出来的。黏附语素-tend 脱离了它所出现的派生词就不存在了；独立的词 tend 是一个不同的语素，这在比较了黏附语素-tend 和独立的词 tend 的意义以后就能够知道。（这是我们在 § 4.1 中所指出的困难的一个例子：我们没有任何方法来分析具体的环境，然而在描写一种语言的语法时，我们被迫在它们意义的基础上归并或是区别音位上相同的形式。在目前的情况下，由于我们作为语言学家不能提供动词 tend 的准确而且包括一切的定义，更其不能提出上面所举的四个十分不同的词里的黏附语素-tend 的定义，我们——像一般所做的那样——用大致接近的意义来进行分析。那些认为把 tend 和-tend 看成同义词更为合适的人，将提供与此不同但是同样有用的描写)。词根是黏附语素的派生词叫作原始组合，在 contend，extend，intend，pretend 里的前加成分 con-，ex-，in-，pre-用作原始附加成分。

内部变化在英语中也用来标示许多派生的聚合体，不过例子不如附加法那么多，而且只有重音变化是能产的。这儿我们还是在所有的例子中略举一二。元音变化：feed“喂”：food“食物”，sing“唱”：song“歌”，shoot“射击”：shot“一发(子弹)”，bite“咬”：bit“(咬)一口”，fill“填充”：full“满”，heal“治愈”：hale“强壮”。——辅音变化：calf“小牛，单数”：calves“小牛，复数”，sheath“鞘”：sheathe“插入鞘中”，advice“忠告”：advise“劝告”，rent“地租”：rend“割裂”；辅音变化和元音变化组合在一起：cónduct(名词)：condúct(动词)，fréquent(形容词)：frequént(动词)。

在表中所举的某些例子里，重音变化和附加法是结合在一起的，如históriаn“历史家”(比较hístory“历史”)，prŏfitéer“奸商”(比较 prófit“利益”)，èlemélntary“基本的”(比较 élement“要素”)，humánity“人性”(比较húman“人类”)。其中有些词也表现了元音的变化。请进一步注意几乎常常带有元音变化的后加成分-th，有些名词是用它从形容词和动词派生出来的(wide“宽”：width“宽度”，long“长”：length“长度”，steal“偷，动词”：stealth“偷，名词”)。

零变异在英语中几乎跟附加法一样普遍,也许甚至更加能产。下面的短语就是用同一个聚合体的成员来说明这种方法:my back“我的背”:a back vowel“后元音”:back up“支持”:go back“回来”。

(2)当我们根据现有的词类区分英语的派生词时,我们必须区别下面这些不同的聚合体:有些聚合体其中的一个成员显然是基础词,有些聚合体其中的基础词在形态上没有标记,以及有些由原始组合组成的聚合体。下面的例子说明这种三类聚合体的派生的程序。

如果基础词是名词,派生词可能是另一个名词(king“国王”:kingdom“王国”),也可能是一个形容词(child“小孩儿”:childish“幼稚”),也可能是一个动词(man“男人”:unman“失去男子气概”,beauty“美”:beautify“美化”),或者是一个副词(head“头”:headlong“急速地”,clock“钟”:clockwise“顺时针”)。如果基础词是形容词,派生词可能是一个名词(red“红的”:redness“红色”,long“长”:length“长度”),或者是另外一个形容词(red“红的”:reddish“红色的”,good“好的”:goodly“优美的”),也可能是一个动词(deep“深的”:deepen“加深”),或者是一个副词(deep“深的”:deeply“深深地”)。如果基础词是动词,派生词可能是一个名词(ride“骑”:rider“骑士”,grow“生长”:growth“生长物”),也可能是一个形容词(drink“饮”:drunken“醉的”,tire“疲倦”:tiresome“令人厌倦的”),或者是另一个动词(gain“获得”:regain“重获”,fasten“缚住”:unfasten“解开”)。如果基础词是副词,派生词可能是一个形容词(up“上”：uppish“稍微朝上的”)，或者是另一个副词(up“上”：upward“向上的”)。

在下列成对的词中，基础词在形式上并没有区别：名词对名词，youth“青年时期”：youth“年轻人”；名词对形容词，iron“铁(是重的)”：iron“铁(条)”；名词对动词，food“食物”：feed“喂”，success“成功”：succeed“继续”，play“戏剧”：play“玩”；名词对副词，back“背”：back“回来”；形容词对形容词，whole“整个的”：hale“强壮的”，tiny“微小的”：teeny“小的”；形容词对动词，hale“强壮的”：heal“治愈”，dry“干的(烤面包)”：dry“擦干(碟子)”；形容词对副词，in“进(来)”：in“在(房间里)”。

以下的聚合体是由原始组合构成的：perception“知觉”：conception“概念”；nation“国家”：native“本国的”；stupor“无感觉”：stupid“愚笨的”；famine“饥荒”：famish“使饿”；civil“民间的”：civic“市民的”；regular“规则的”：regulate“规定”；persuade“说服”：dissuade“劝阻”。

4.8　附加成分的处理

在上一节里，我们把注意力集中在词和词根上，而形态手段只在它们出现于特定的聚合体中时才加以考虑。可是这些手段在一种语言的语法中，跟用来区别不同事物的词根，完全同等地重要；而且，由于形态手段总是不如词根那么多(参看§4.4)，所以根据词根所加的不同的修饰成分给词根分类，往往是一种简便的办法。当我们要描写所加的某个具体手段的用途时——例如，把某个派生的后加成分加到一个词根上去——我们会发现为了给这种事实作出完全和准确的说明，我们必须考察大量的派生词，并且制定出有关组合和修饰的非常严谨的规则。我们将用描写英语后加成分-ous/-əs/的某些用途来说明这个原则。

这个后加成分构成主要从名词派生出来的形容词（pomp“华丽”：pompous“豪华的”）。首先，这个后加成分并不加于一切的名词——例如不加于 man“男人”，house“房子”，apple“苹果”，table“桌子”，object“目标”——而只加于有限的名词，这些名词属于英语词汇中所谓“外来雅语部分”。在一部完全的英语语法中，可以附加后加成分-ous 的名词必须全部列举出来。

(1)这后加成分以它一般的形式加于不以/t，s，z，š，ž/收尾的名词：cavern“洞穴”：cavernous“洞穴的”，同样也加于 beauty“美丽”，murder“谋杀”，libel“诽谤”以及许多其他的词；它只加于一个以/d/收尾的名词：hazard“冒险”。如果名词很长，我们发现强重音是在这后加成分之前的第二个音节上：rídicùle“嘲笑”：ridículous“可笑的”，pársimony“吝啬”：pàrsimónious“吝啬的”。

(2)它加于为数不多的动词上：prosper“兴隆”：prosperous“兴隆的”，continue“继续”：continuous“连续的”。

(3)它出现在某些形容词中，而这些形容词不再加于其他任何英语的词，如 jealous“妒忌”，pious“虔诚”，raucous“粗声的”，viscous“黏的”，incongruous“不合适的”。这些是原始组合（参看§4.7），而后加成分-ous 在这儿起着原始后加成分的作用。原始后加成分加于其上的成分可以叫作词根：jeal-，pi-，rauc-，等等。

(4)它加于以/t/收尾的两个动词：covet“垂涎”，solicit“请求”。solicitous“切望的”的意义跟基础词的意义有很大的不同;我们在这儿将不费篇幅提到所有这类的例子。

(5)在某些例子中,这个后加成分也给词根带来元音变化:vein/ej/ : venous/ij/; zeal/ij/ : zealous/e/; omen/ow/ : ominous/o/。

(6)除了元音变化之外,下面的词失去一个音:number“数目”/ə/ : numerous“无数的”/uw/,失去了/b/。

(7)在 miracle“奇迹” : miraculous“奇迹般的”中,/əl/被/jul/代替,scruple“顾虑”也是如此。

(8)在 fable“寓言”/ej/ : fabulous“神话中的”/a/;people“人民”/ij/ : populous“流行的”/o/中,跟(7)的代替一样,并且还带有元音变化。

(9)在 fiber“纤维” : fibrous“纤维的”中/ər/被/r/所代替;leper“麻风病人”,lustre“光彩”,monster“怪物”,wonder“惊奇”也是如此;在构成 thunderous“雷鸣似的”和 thundrous 这二者的词根的 thunder“雷”中,/ər/可以被/r/代替,也可以不代替。

(10)这后加成分加于以/t/收尾的名词,在 circuit“巡行” : circuitous“迂回的”中/i/被/juwi/代替。

(11)在 harmony“谐和” : harmonious“谐和的”中/ə/被/ow/代替,melody“曲调”,euphony“谐和的音调”,felony“重罪”也是如此。

(12)在 victory“胜利” : victorious“胜利的”中/ər/被/ohr/代替。

(13)在 mystery“神秘” : mysterious“神秘的”中/ər/被/ihr/

代替。

(14)在 injury“伤害”: injurious“有害的”中/ər/被/ur/或/uhr/代替;penury“贫穷”,usury“高利贷”也是如此。

(15)在 luxury“奢侈”: luxurious“奢侈的”中上述的变化也可以带有辅音的变化,其中基础词有/ks/,但是形容词有时是/kš/,有时是/gž/。

(16)在 grief“悲伤”: grievous“悲痛的”中/f/被/v/代替;mischief“不幸”也是如此。

(17)在 mutiny“叛变”: mutinous“叛变的”中基础名词的收尾-y脱落;treachery“叛逆”,infamy“臭名”,bigamy“重婚罪”和别的许多词也是如此。

(18)在 caution“慎重”: cautious“慎重”中收尾的/ən/音脱落,oblivion“忘却”,citron“香缘”,faction“派别”,amphibian“两栖动物”也是如此。

(19)在 mucus“黏液”: mucous“黏液质的”,callous“无情的”,phosphorus“含磷的”中收尾的/əs/音脱落,结果,名词和形容词成了**同音异义词**(音位上相同)。

(20)在 odium“憎恨”: odious“可恨的”中收尾的/əm/音脱落,vacuum“真空”,decorum“端庄”也是如此(不过还请参看下面的第 26 条例子)。

(21)在 scrofula“腺病”,nebula“星云”,nausea“晕船”中收尾的/ə/音脱落。

(22)在 barbarian“野蛮人”: barbarous“野蛮的”中收尾的/ijən/音脱落,而强重音成节音被/ə/代替。

(23)从以音位/t,d,s,z,š,ž/收尾的词根派生出来的形容词，它们的紧接在后加成分之前的音节上有强重音(后加成分前重音)，但这描写只能满足很少一些形式：如óutràge“暴行”：òutrágeous“残暴的”。

(24)有些词在重音变化之外还有元音变化：cóurage“胆量”/i/：courágeous“有胆量的”/ej/；móment“片刻”/ə/：moméntous“重大的”/e/；sácrilege“渎圣罪”/i/：sàcrilégious“亵渎神圣的”/ij/。

(25)这后加成分的形式用在不少以/šən/或/džən/收尾的名词之后，这些名词的/ən/就脱落：ambition“野心”：ambitious“有野心的”，religion“宗教”：religious“宗教的”；还有flirtation“调戏”，suspicion“怀疑”，contagion“传染”以及其他。

(26)有“后加成分前重音”的形式也用在其他为数不多的派生词中。例如，用/r/代替/ər/，disaster“灾难”：disastrous“灾难的”；失去收尾-y，polyandry“一妻多夫制”：polyandrous“一妻多夫的”；收尾/əm/脱落，decórum“端庄”：decórous“端庄的”，此外还有第20中的décorous。

我们只能举出这个后加成分的某些扩展的形式，在这些扩展的形式里-ous的前面加上了别的音：在uproarious“吵闹的”中的/ijəs/，在sensuous“感觉上的”中的/uwəs/或/juwəs/，在bumptious“唐突”中的/šəs/，在meritorious“有功绩的”中的/ohrijəs/，等等。

这张表，即使列举了这么多条，也还是不完全的。而在我们的教科书和手册中屡见不鲜的那种马马虎虎的描写，只是说形容词

是以-ous,-ious,-eous以及诸如此类的词尾构成的。我们只要一眼掠过去也能看出这种说法是多么苟简。

4.9 复合词

根据§4.2中的定义,复合词是整个地由一些较短的词组成的。复合词和词组(包含两个或两个以上的自由形式的句法结构)之间的差别对每一种语言来说都必须分别加以确定;假如找不到形式上的特征来区别,那么这种语言就没有复合词。

在英语中,复合词和词组的不同在于以下这些特征:它们内部成员的音位变异,二者之间音渡的种类,重音的模式,或者这些特征的组合。譬如复合词blackbird/blákbə̂hrd/"画眉鸟"跟词组black bird/blâk-bə́hrd/"黑色的鸟"的不同只是在于重音;复合词altogether/òhltəgéðər/"一概"和词组all together/ôhltəgéðər/"全在一起"的不同既在于重音又在于音渡;复合词gentleman/džéntəlmən/"绅士"和词组gentle man/džêntəl-mán/"温和的人"的不同在于重音,音渡以及第二个成分从/man/到/mən/的变异。(以上例子中的连字符表示开音渡。)在法语中,复合词pied-à-terre/pjetatɛ·r/"临时寄宿"(直译是"脚—在—地上")跟结构类似的短语的不同在于第一个成员的变异,词组中这个成员的形式/pje/是一个独立的词。在拉丁语和别的语言中,许多词有一种只出现于复合词(或者只出现于复合词和派生词)的特殊组合形式。譬如拉丁语的corni-pēs"蹄形的"包括corn-u"角"和pēs"脚"两个词,它在形态上是用组合形式corni-的出现来标示它是复合词的。

这种组合形式不出现在这个词本身的任何屈折形式中。(英语词汇的“外来雅语部分”也有一些特殊的组合形式;试比较在复合词electromagnet“电磁体”中 electric“起电物体”的组合形式 electro-。)

复合词往往不同于词组的另一个特征是它的“不可分性”。词组里作为组成成分的词可以用别的词插入把它们分开,例如 a black bird∶a black or bluish-black bird,a gentle man∶a gentle old man 相对立。还可以把在 He sailed on a Cuban steamship(他乘坐一艘古巴的汽船航行)这句子中复合词 steamship“汽船”的位置跟在相应的句子 He sailed on an old Cuban ship(他乘坐一艘古老的古巴的船航行)中词组 old ship 的分隔的位置加以对比——决不能说 on a Cuban old ship。

为了要描写一个复合词的结构,我们不但必须确定这复合词所属的类别(词类等等),还必须确定它每一个内部成员的类别;而且要用以下的特征来说明这些成员是如何组合在一起的:这些成员出现的先后次序,标示这些成分的音渡和重音的特点以及音位变异(如果有音位变异的话,那些作为组成成分的词在复合过程中就得变换,参看§4.4)。下面是一些例子:steamship,名词,由两个在开音渡中的名词 steam“蒸汽”和 ship“船”组成,在第一个成员上有强重音而在第二个成员上减弱强度;tryout“尝试”,名词,它由动词 try 和副词 out 在关音渡中组成,在它的第一个成员上有强重音而在第二个成员上有一般重音;gentleman“绅士”,名词,它由形容词 gentle 和名词 man 在关音渡中组成,在它的第一个成员上有强重音而在第二个上面是弱重音,而且有/man/到/mən/

的变异;seriocomic“半严肃的”,形容词,它由在组合形式 serio-中的形容词 serious 跟形容词 comic 在开音渡中组成,在第一成员上有减弱的强重音而在第二个成员上有强重音;wild animal trainer“驯兽者”(写法上好像三个词,但语法上是一个复合词),名词,它由词组 wild animal 和派生名词 trainer 在开音渡中组成,在第一个成员上有强重音(即在 animal 的第一个音节上)而在第二个成员上有减弱了的强重音。

4.10 直接成分

上一节中最后的一个例子说明了一个重要的分析原则,这个原则既适用于复合词又适用于合成词,而且如我们在下一章(§5.4)中将看到的,它还适用于词组。当一个词包含三个或者更多的语素时,一般需要把它分为两个而且仅仅两个直接成分,其中的一个成分或者两个成分都还可以作进一步的分析。只有这个方法才可能显示出词的形态结构;仅仅把语素列出来而不指明它们的次序,这样并不能告诉我们关于它们之间的任何结构关系。

譬如说,形容词 unmanly“不像男子汉的”并不是由 un-,man-和-ly 这三个语素一下子组成;它的直接成分是合成词 manly 和前加成分 un-。形容词 gentlemanly“有绅士风度的”一眼看来似乎是由 gentle 和 manly 组成的复合词;但进一步观察就不难看出它是合成词而不是复合词,因为它的直接成分是复合词 gentleman(前一节已经分析)和后加成分-ly。复合词 wild animal trainer 包括五个语素:wild,anim-(它也出现在 animate 中),-al,train 和-er;

但是这样列举并不能表示出形成这个词的结构的连续的层次。如我们已经说过的，这个复合词的直接成分是词组 wild animal 和合成词 trainer；第一个成员的分析将在第五章中说明，第二个成员是从基础动词 train 用表示人物的后加成分-er 派生出来的。

如这个例子所表明的，一个词的一个直接成分可能是一个词组；另一个例子是形容词 old-maidish“老处女似的”，它从基础词组 old maid“老处女”加上后加成分-ish 派生出来的。同样的分析也可以运用到所谓“领属词组”上面。在 She is the king's daughter“她是国王的女儿”这个句子里，屈折词 king's 由词根 king 和规则的领属后加成分/-ez,-z,-s/的交替形式/-z/组成［参看§4.5(2)］。在 She is the king of England's daughter“她是英国国王的女儿”这个句子里，后加成分不仅是附加在 England 这个词上而是附加在整个词组 king of England 上的。所以，king of England's 这形式有一个黏附语素作为它的一个直接成分，由于这个原因必须把它看作一个合成词；请参看§5.3 的最后一段。（试对比 He is the true king of England's people“他是英国人民的真正的国王”这个句子，其中的后加成分/-z/只是附加在 England 一个词上。）

根据组成一个词语的直接成分的情况，一个词语有时可以代表两种不同的结构。譬如 old book dealer 可以是由形容词 old 和复合词 book dealer 组成的一个词组——“一个年老的书商”，也可以是由词组 old book 和派生名词 dealer 组成的一个复合词——“旧书商”。

根据这个原则，我们可以阐明§4.2 中所提出的合成词和复合词的定义:包含一个或一个以上的黏附形式的词叫作合成词;全部由一些较短小的词组成的词叫作复合词。下面是更为精确的定义:一个词里只要有一个直接分成是黏附形式,这个词就是合成词;假如两个直接成分都是自由形式,这个词就是复合词。(比如book dealer 是一个复合词,虽然它里面出现了黏附形式-er。)

4.11 意义和形式

如§4.6中所说明的,我们根据一个屈折聚合体的内部成员之间在意义上的关系跟这语言中所有的聚合体是否相同,就可以确定这种语言是有一种或者一种以上的屈折的范畴。在日语中,大多数词是不屈折的;而在有屈折的词里,每一个聚合体里的成员总是以完全相同的意义特征把彼此区别开来。譬如/ageru/"(我)起来":/agéyóo/"(我)将可能起来"或"让我们起来":/agéréba/"假如或者当(我)起来":/ageta/"(我)已经起来了"等,这个聚合体说明了可以用屈折表达的所有意义上的差别。所以日语只有一个屈折范畴,虽然对一切词根来说附加成分和内部变化并不是完全一样的。另一方面,在拉丁语中,dux"领袖":ducis"领袖的":ducēs"领袖们":ducum"领袖们的"等等之间在意义上的差别并不跟下列聚合体的成员之间的差别相似:amo"我爱":amās"你爱":amat"他(她)爱"等,或者amo"我爱":amābam"我正在爱":amābō"我将爱"等,或者altus"高":altior"较高":altissimus"最高"。所以,拉丁语有好几个不同的屈折范畴,如果对英语的形式作类似的考察就能看出它的屈折也是分属于不同的范畴。

聚合体的一个成员不同于另一个成员的意义要素叫作语法意义；例如在拉丁语 dux 里的“主格单数”，ducum 里的“属格复数”，amō 里的“第一人称单数现在时陈述式主动态”。在聚合体的一切成员中通常保持不变的词根本身的意义叫作词汇意义；例如 dux，ducis，duces 等等里的“领袖”，amō，amās 等等里的“爱”。

虽然区别语法意义和词汇意义是重要的，而且在一种语言的系统描写中至少应当尽可能仔细地确定语法意义，但是，所有我们的分类必须只是根据形式——也就是根据词根和附加成分在音位结构上的异同，或者根据词在一定类型的词组和句子中的出现来进行。我们在进行分类时，决不要去求助于意义，抽象的逻辑或者哲学。

如我们已经看到的（§4.6），词类必须用它们的屈折来确定。或者在没有屈折的情况下就用它们的句法功能来确定；决不能用它们所表达的真正的或想象的意义来确定，也不能用某些“普遍语法”预先想好的格式来确定。例如我们把英语动词的类看成是包括这样一些词，它们的词根可以附加一定的附加成分或者在其他一定的方式中加以变换（包括异根互补和零变异）来形成“现在时”和“过去时”之间的对立。如果要对英语的动词作详尽的描写还可以提到其他的屈折，同样也可以提到它们出现于其中的各式各样的聚合体以及由它们组成的复合词，不过这种无所不包的做法并不是必要的。只要说明了动词所属的一种或两种屈折，而以此给整个的类提供了一个明确的形式的标准，那么，我们的定义就是适当的了。由于英语中的前置词是不屈折的（例如在爱尔兰语中相应的词也如此），它们不得不只根据它们的句法功能来确定为一类:也就是根据它们所出现的结构以及和它们结合在一起的词的种类来确定。

从我们做学生的时候起就知道的词类的传统的定义大部分是建立在意义的哲学基础之上的。“名词是用作生物或非生物的名称的词”。这种定义是没有用处的:它没有告诉我们任何英语结构的情况,而且也不能使我们在遇到名词时去认识它。“动词是我们用来陈述或是提问的那种词类”。在这儿,一个明明可以用它的屈折来严格确定的词类却偏偏用它的许多句法功能中某些功能的意义来空洞地描写——说它是空洞地,因为这描写可以同样用于名词和代词。

在给词类下定义时所要求的严谨的方法,同样也应当用来指导我们去确定这些屈折范畴,如:数、格、性、时和式。man 和 wheat“小麦”这两个词在英语语法上之所以不同于 men 和 oats“燕麦”(单数对多数)并不是由于它们的意义不同——要准确地给意义下定义显然是有困难的——而是因为其中的第二对词是用一定的形态手段(内部变化,后加成分-s)来标示的,这些形态手段是用来区别一个屈折的聚合体的成员的,而且因为 man 和 wheat 在 This man is tall“这个人高”,This wheat is tall“这棵麦子高”的句子里跟 this 以及 is 组合在一起,而 men 和 oats 在 These men are tall“这些人高”,These oats are tall“这些燕麦高”的句子里跟 these 和 are 组合在一起。在拉丁语中,名词 dux“领袖”和 amnis“河”是阳性,而名词 mulier“妇女”和 mēnsa“桌子”是阴性——并不是因为领袖一般是男人而妇女总是女人,或者罗马人“以为”江河比桌子多少男子气一些,而是因为它们跟带有不同的专门化的后加成分的形容词组合在一起：如 dux bonus“一个好领袖”和 mulier bona；amnis lātus“一条宽的河”和 mēnsa lāta。

所以，一种语言的词类和屈折范畴完全是由形态手段以及这种语言本身的句法习惯所决定的。从这一点就能看出词类和范畴的数目，它们的次类以及它们的功能在各个语言之间是不同的。我们可以确信，所有的言语社群都有表示“生物或非生物”和“陈述或提问”的方法；但是存在于英语和拉丁语中的名词和动词之间的语法差别，在很多语言中却是完全没有的。

仅仅举一个例子就足以说明这个原则。英语有一个规定得很明确的形容词词类，它不论在屈折和句法功能中都跟其他所有的词类不同。但是在梅诺米尼语（Menomini，现在在美国威士康辛州所说的一种阿尔贡金语）中，我们发现/kehkaatesew/“他有权力”这个词的屈折跟/pemaatesew/“他活着”的屈折完全相当；也就是说，在梅诺米尼语中某些动词具有像我们的形容词的那种意义。在描写梅诺米尼语时，我们决不能说它的形容词跟动词一样屈折。这种语言根本就没有形容词；如果使用这个术语，那就是对于这种事实的一种歪曲。

对于只有形式标准才能建立语法范畴的这一条规则，我们必须加上在§4.6 中的结尾已经提到过的最后的告诫。形态的分类和句法的分类必须始终分开；建立在某一种分析上的范畴不可能包括完全用另一种分析所确定的形式。所以，如果在 boy ∶ boy's，cat ∶ cat's，men ∶ men's 这样一些部分聚合体的基础上我们给英语建立两个格：主格和领格，那么我们就不能把领格这术语也用到 of the boy，of a cat，of men 这样的短语上去。This is the boy's father“这是孩子的父亲”这句子可以意味着跟 This is the father of the boy“这是这孩子的父亲”完全相同的东西；但是如果我们容许把词汇上的等同作为语法上的等同的标准，那么我们就无法在上面刚刚引用的一对句子之间划出一条界线，也不能在结构上完全不同但同意义上相同的表达如 What time is it? “什么时间？”和 Please tell me the time“请告诉我时间”之间划出一条界线。此外，如果我们决定把 play 和 played 或者 sing 和 sang 之间的不同叫作时的不同，那么我们就不能对 play 和 have played 或者 will play 或者 might play 之间的不同使用同样的术语。这种技术术语的两用，虽然很普遍，可是它只会混淆我们对于某个系统的说明而且妨碍我们的了解。

第五章　句法

5.1　句法结构

对于结构中的自由形式所作的分析叫作句法。首先需要回答的问题是我们如何决定一个结构的界限：哪儿是句法形式开始的地方和哪儿是收尾的地方？

在研究一种外语时，早在我们对这种外语的结构着手进行系统的分析之前，我们就已经知道本身完整的一段话语是多种多样的。其中有些是最小的自由形式，即词（§4.2），另外一些是两个或者更多的自由形式的序列，我们可以根据音渡和语调的超音段音位，对这些话语进行分类（参看§2.14，§3.7）。

如果我们要分析英语的句法，就应当先从以音位标音记录下来的原文里把全部话语列出来，这些话语都以§3.7(5)中所描写的四种语尾语调之一收尾的。我们把这些话语叫作句子。有些句子可能只包括一个单个儿的词（Go！“走！”Yes.“是的。”），有些句子则包括一个以上的词。在后一种句子里，有些句子的中间带有一个或几个非语尾语调。于是，我们把用非语尾语调联结在一起的句子里的每一个音段叫作分句。同样，我们会看到分句可以包括一个单个儿的词也可以包括好几个单个儿的词。在句子里的词之间的音渡可以是开的也可以是关的：the man/ðəmán/“这个男人”，no indeed/nôw-indíjd/“实在不是的”。

任何由两个或两个以上的词构成的句法结构就是词组；一切句法分析都应该建立在对于词组考察的基础之上，这些词组是以语音标准，主要是以音渡和语调定出来的。在大多数语言中，由一个以上的词组构成的句子和分句跟那些只由一个词组构成的句子和分句，有着同样的结构。

用这种方法划分出上述各种句法单位以后，我们就着手根据在这些句法单位中出现的词类（参看§4.6）来描写它们的组合。如果一种语言有屈折变化的词，这些词就可以用作有利的起点。比方，对于英语，我们就可以谈到包括名词、形容词、代词、动词以及这些词类的不同组合的结构。这样一种描写最后就有可能决定每一个词类的句法功能。

在本章以下的各节中，我们将考察在英语的词组和句子中一些自由形式的序列来说明句法的分析。也就是说，我们将区分和确定某些英语的结构。由于英语的语调还没有作过足够的研究（参看§3.7），在我们的论述中将很少顾及这一个重点的特点，可是要对一种语言作完全的分析决不能忽视这一点。

5.2　英语的“施事—动作”结构

我们从下面这些词组开始分析：

1. John stumbled.“约翰摔倒了。”

2. John ran away.“约翰跑开了。”

3. Our horses stumbled.“我们的马摔倒了。”

4. Our horses ran away.“我们的马跑开了。”

第一、四两句之间，(同样的，第二、三两句之间)没有共同的部分，但是整个这一组例子表现出了相同的配列；我们只要把其中的一个或两个成分进行替换，就可以把这四个词组中的任何一个词组变成另一个词组。这些例子所代表的英语结构可以叫作施事—动作结构；按这种结构配列的词组就叫作施事—动作词组。在学习使用一种语言的时候，我们要学会识别组成任何一个结构的配列的特征，在描写一种语言的时候，我们必须说明这些特征。

然而，我们的学校语法是不管这一类特征的，它们只想泛泛地根据意义来确定结构(以及许多别的问题)(参看§4.11)。这还不怎么碍事，因为在掌握定义以前学生们已经能够说英语了；可是当我们处理一种不熟悉的语言时，这样一种方法就绝对达不到既定的目的。因此，作为举例的性质，我们将简要地谈谈英语句法的一些特征，姑且把英语作为我们完全不知道的一种语言来寻找这些特征。

5.3　配列的特征

英语的施事—动作词组包括两个部分或者两个成分。每一个成分是一个词或一个词组；在句法里，词语这个术语可以用来兼指词和词组。作为组成成分的词语被放在一起组成施事—动作短语的方式是根据标志这种结构的配列特征来描写的。

(1)首先是成分的选择：譬如，never stumbled“从不摔倒”和

John Brown“约翰·布朗”都不是施事一动作词组。特别是这些成分不能相互替换：John our horses“约翰我们的马”以及 stumbled ran away“摔倒了跑开了”根本不是英语的词组；即使改变重音和声调，我们可以组成相同的词的词组（如 John，our horses！“约翰，我们的马！”）可是这样的词组也并不是施事一动作词组。所以成分 A（John，our horses）和成分 B（stumbled，ran away）是来自两种不同类型的词语。我们认为英语的施事一动作结构，像大多数语言中的大多数句法结构一样，有可以用不同的词语填入的两个位置。在某个结构里能够填入某个位置的所有的词语就构成了一个形类。

为了论述的方便，我们给各种形类命名。这些名称可以是完全任意的，如 A 词语和 B 词语；不过如果指望能够从名称得到关于形类的意义（参看 § 5.4）并且根据形类的意义命名，这样做也并不一定非反对不可。所以，我们把填入英语施事一动作结构中施事位置的词语叫作主格名词词语，而填入动作位置的词语叫作有定动词词语。可是，应当注意这些名称只有标记而不是定义；我们并不是泛泛地根据意义来给形类下定义，而是根据各个类出现的位置作具体的陈述来确定形类的。

一种形式能够填入一定位置的特权就是这种形式的功能。凡是能跟有定动词词语组合在一起，结果它们所组成的词组是施事一动作词组的任何英语的词语，都是主格名词词语。反之，凡是能跟主格名词词语组合在一起而且得出同样的结构的任何英语词语都是有定动词词语。

有定动词词语没有别的功能，但是主格名词词语还有别的一些功能。它们可以充任谓语补语(That's John“那是约翰”),或者只是命名,例如用在招牌上(John Smith,Pharmacist“约翰·斯密司,药剂师”)。以上的每一种用途都是英语主格名词词语的一种功能;所有这些功能合起来就叫作主格名词词语的功能。关于选择的其他方面,我们在下面还会谈到。

(2)英语施事—动作结构的第二个特征就是次序。在上述的例子里,施事词语是在动作词语之前,而且在英语口语中,这类词组的次序决不可以颠倒。

这种次序可以说是英语结构的正常的类型。另外有一些次序不同的类型,不过这些类型的次序也是固定的。例如,在是非问句中,有定动词(正如我们下面将会看到的,它是有定动词词语的中心部分)总是在施事之前:Did John run away?“约翰跑开了吗?”此外,正如这个例子所表明的,我们发现只有少数有定动词用于这一类施事—动作结构:is“是”,has“有”,does“做”,can“能”,dare“敢”,may“可以”,must“必须”,need“需要”,ought“应该”,shall“将”,will“将”。可见,在有定动词的形类里(这种形类我们还没有给它下定义)有一个次类叫作助动词,在这一类词的各种功能里,有一种是在“是非问句”中处于施事之前的功能。在进一步观察过程中,我们发现另外两种施事—动作结构的特殊类型,即否定结构(带有副词 not:John didn't run away“约翰没有跑开”)和强调结构(带有对比语调:John did/ ¡ /run away“约翰的确跑开了”),这两种类型也有类似的限制:在这些类型里,有定动词也同样总是助动词。

在英语的施事—动作结构中,另一种特殊类型的次序出现在

特指问句里，它总是以一种特殊的形类——疑问词语开始的，如：who“谁”，when“什么时候”，with whom“同谁”，(除了有时它的前面可以放某些副词，连接词以及其他对结构无关紧要的词)。如果疑问词语是施事，那么次序是正常的：Who ran away? “谁跑开了?”Whose horses ran away? “谁的马跑开了?”Which horses ran away? “哪些马跑开了?”但是，如果不是这种情况的话，那么疑问词语就在施事之前，而有定动词仍然是助动词：Why did John run away? “约翰为什么跑开了?”For what reason did John run away? “是什么原因约翰跑开了?”

另一种类型的次序是由以下的情况产生的，即某些副词词语可能在施事之前。

(A)有一种类型，其中的非重音的 there 和有定动词(在英语口语中通常是 is, are, was, were)都在施事之前：There are some apples in the pantry“在食品室里有些苹果”。(在正式的英语中，这种类型的式样更加繁多：There came a day when…“有那么一天，当时……”，There has recently come to my notice…“最近(有一件事)引起了我的注意……”。)

(B)有一个副词词语的很大的次类，它可以在施事和词组 there is 之前出现：Then John stumbled“于是约翰摔倒了”，Then there were some apples“于是有一些苹果”。

(C)另一种副词词语的次类可以在施事之前，可是不能在词组 there is 之前：Away ran John“跑开了，约翰”。

(D)还有一种类型的副词词语，它并不打乱次序的主要特点，而位于有定动词之前，这一点却是特别的：John always stumbled

“约翰总是摔倒”。

当同一个副词词语(除了“there is”类型之外)在不同的地方出现时,它在意义上会略有不同:Yesterday our horses ran away“昨天我们的马跑开了”:Our horses ran away yesterday“我们的马昨天跑开了”;Then John stumbled“于是约翰摔倒了”:John then stumbled“约翰于是摔倒了”。

(3)常常用来标示不同结构的第三个特征是变形:所谓一个词语变了形指的是这个词语的语音形式在某个结构中跟这个形式单独存在时变得不同了。在英语中这个特征似乎总是附带有第四个特征——变调,即这种形式的特殊的音渡结构和重音结构,在词组John's ran away“约翰已经跑开了”里,has/haz/被/z/所代替(变形),而且has这个词也就不再具有每一个独立的词都应该有的响重音(变调)。在这过程中,应当注意变形和变调这两种特征把我们的结构又分出了一种特殊的次序型:当has不跟一个分词组合在一起的时候(也就是说当它不再是助动词的时候),它的重音并不减弱:John has the basket“约翰有篮子”。还有一种情况与此相当,即has并没有变形,可是在意义上往往有些夸张:John has run away“约翰已经跑开了”;同样的,在don't/dównt/之外还有do not/dúw-nôt/。

这四种配列的特征——选择、次序、变形和变调——是任何一个结构的主要特征。虽然,在不同的语言中,它们的用途也是不同的,而且有些语言还运用一些附加的特征,如作为一种句法结构的成分的相邻词和附加成分。例如在John's house“约翰的房子”里,表示领属的后加成分/-ez,-z,-s/就接近这种性质,但是当这些后加成分在特殊的结构中跟前面的形式紧密地连结在一起的时候，它的性质就不同了。比方说，在回答一个问题的时候，我们可能听到简单的回答 John's“约翰的”——决不是 's house“的房子”。(参看§4.10)

5.4 句法意义

正如形态学的类别(词类)和范畴只有在形式的基础上才能作出恰当的描写(参看§4.11)，句法的结构、位置和形类也不可以根据它们的意义或者参照某种别的语言(如拉丁语)来确定，而只有说明它们可以识别的特征——即它们的形式和功能来下定义。

不过，我们还是想知道一些它们的意义。实际上，也只有当我们能想办法区别有着相同音渡和语调特征的词组的意义的时候，我们才能识别不同的句法类型和结构。例如，假使我们一点也不懂英语，那么我们就得花费相当多的时间才能看出，John ran“约翰跑”和 John stumbled“约翰摔倒了”跟 John Brown“约翰·布朗”和 John Smith“约翰·斯密司”是类型和结构不同的词组。同样，我们不可能把像 fresh milk“新鲜牛奶”，hot milk“热的牛奶”，sour milk“酸牛奶”这样一些词组区别或描写为一个方面，而把 drink milk“喝牛奶”，fetch milk“取牛奶”，heat milk“热牛奶”那样一些词组区别或描写为另一个方面，除非我们知道，比如说前一类仅仅称呼不同种类或状态的牛奶，而后一类是命令听者怎样去支配牛奶。可是，我们并不需要确切地或者详尽地来确定意义，我们只需要知道能把不同的类型区别开来的意义也就够了(参看

§1.2, §4.1)。各种结构、位置和形类的意义并不是能够放到显微镜下面并加以描写的个别的事实，它们不过是出现在结构、位置或形类中所有具体的词语所共同的意义的特征。这些特征必然是泛泛的，而且在不同语言之间有着细微的差别。

让我们简单地观察一下英语的施事一动作结构的意义。关于这种意义的最明显的一点就是它的普遍性：它是英语中流行的句子类型。在任何一段话语里，凡是在一个结构里不跟这个话语的任何别的部分相连的词语变是一个句子。有些话语只包括一个句子：Fire！“失火了！”或者 John ran away“约翰跑开了”；有些话语包括一个以上的句子：There was a fire last night. Our horses ran away.“昨天晚上有一场火灾。我们的马跑开了”。一段词语在某一段话语里作为一个句子，在另一段话语里却是长句子的一部分，这种情况是很平常的：When John ran away，I followed him“约翰跑开的时候，我跟着他”；We are late because our horses stumbled“我们迟到了，因为我们的马摔倒了”。所以在英语中，包含一个施事一动作词组(或者有好几个并列的，参看§5.5)的句子具有我们可以大致称作“完整话语”的意义的特征，这是完全句的一种类型。跟它相对的是不完全句，它没有上述的意义：如 Fire！“失火了！”这种感叹句，又如 Four o'clock“四点钟”，If I can“假如我能够”，Mr. Smith——Mr. Jones“斯密司先生——琼士先生”这样一些回答、暗示和称呼等等。英语中只有另外两种完全句：一种是命令句如 Drink some milk“喝点儿牛奶”，或者 Don't run away“不要跑开”，另一种是古式的熟语句，如 The more the merrier“越多越快活”。

英语的施事一动作短语的意义的另一个特征就是我们所以称

之为施事—动作结构的意义：某人或某物作出某种动作（或经受某种动作，处在某种状态，进入某种状态，等等）：John ran away，got chased away“被赶跑了”，was scared“受惊”，got scared“吃惊”，is tired“疲倦了”；Pike's peak is high“派克的山峰很高”。在这方面各种语言的差别是很大的；例如拉丁语既有施事—动作结构（pater amat“父亲爱”），又有受事—动作结构（pater amātur“父亲被爱”）。这两种结构都可以叫作判断句，它或者是主动的或者是被动的。从意义上看，最接近拉丁语被动句的英语结构是某些特殊类型的施事—动作词语（John got chased away“约翰被赶跑了”，was loved“被爱”，was being beaten up“被打了一顿”，等等）。应当注意，每种语言必须根据它自己的特征来分类，而且总是根据具体形式的（包括功能的）特征来分类。这样，我们就可以选出英语动词 be 带有分词的结构（is built，was built，is being built，has been built 等），而称之为被动结构。不过，我们应当记住，英语的这种被动句是一种句法的结构——不像拉丁语的被动句是形态学的范畴——而 is built“被建筑”这一类的词组，只是由一个动词和一个过去分词组成的词组（has built，got built）的好几种类型中的一种。从形式上看，英语的 is（loved），正如 is（lazy）一样，必须跟 builds（a house）“造（一所房子）”或 has（built a house）“造（好了一所房子）”归为一类。

与意义密切有关的是成分的次序配列。假使一个研究英语的外国人打算分析 Our horses ran away 这一个词组，而把这个词组分成 our 和 horses ran away 这样两个成分，那么他在对于英语语法作有次序的描写方面将得不到什么进展。他必须知道重复出现的词语的类型是 our horses 和 ran away，而且对词组的这种分法跟以下一些词组是相当的，如 our horses stumbled，John ran away，John stumbled。总而言之，我们必须把词组分成它的直接成分(参看 § 4.10)。

如果某个词组的一个直接成分本身也是一个词组，那么这个词组自然也有它自己的结构，而且也必须同样地把它再分出它自己的直接成分，这样依次地进行下去，直到最后把最小的作为组成成分的词组分成为若干个词为止。到了这一步，我们就算已经达到了我们句法分析的目的。任何进一步的分析(例如把 stumbled 分为 stumble 和-d)将是属于形态学的了。可见，在句法里，任何词组的最终成分是词。

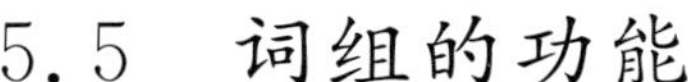

5.5　词组的功能

上面我们已经谈过了英语施事一动作词组的结构，现在我们可以回过头来简略地考虑一下它们的功能。显然，任何句法结构都有两个方面：一方面，词组是按一定的方式组合起来的；另一方面，它们能够在更大的词组里填入一定的位置。

如果一个词组跟它自己的一个或者更多的直接成分具有相同的功能，那么它就是内向词组，而且有一个内向结构。如 fresh milk 跟 milk 具有相同的功能：例如我们可以说 Bring me some milk“给我拿些牛奶来”，Drink this milk“喝这牛奶”，Boil it in milk“把它煮在牛奶里”，同样我们也可以说 Bring me some fresh milk“给我拿点新鲜牛奶来”，Drink this fresh milk“喝这新鲜牛奶”,Boil it in fresh milk“把它煮在新鲜牛奶里”,等等。词组里面跟词组(这儿是 fresh milk)有着相同的功能的成分(这儿是 milk)叫作中心成分,而其他的成分(这儿是 fresh)叫作定语。这种只有一个中心成分的内向结构的类型叫作定语结构或者主从结构。

有些内向结构有两个或两个以上的中心成分,但是没有定语:bread and butter“面包和牛油”;coffee,tea,or milk“咖啡,茶,或牛奶”。这些是并列结构;它们包括若干个中心成分,而且一般有一个或一个以上的连接成分,如 and,or。

如果一个较长的词组有好几层的内向结构,那么在这个结构的末尾将有一个或一个以上的中心成分。例如 some very nice fresh milk,首先(根据直接成分的原则)我们可以分出定语 some 和中心成分 very nice fresh milk;然后又可以分出定语 very nice (它的结构在这儿不必考虑,但显然是主从结构,用 nice 做中心成分)和中心成分 fresh milk;而最后则分出定语 fresh 和所有中心成分的中心成分 milk。这个跟整个词组有相同功能的最终的中心成分可以叫作这个词组的中心。同样,在 wholesome bread and fresh butter“卫生的面包和新鲜的牛奶”里,中心是 bread 和 butter。

“this milk”这个词组也是内向和主从的结构,因为作为一个整体,这个词组跟成分 milk 具有相同的功能。不过,这一类结构有一点不同的地方。我们可以把各种不同的形容词修饰成分加在 milk 这个词的前面(也可以加在 fresh milk 这个短语的前面),如 nice 或 the 或 some;但是对于 this milk 这个词组(或者对于 this fresh milk 这个词组),我们却不能这样办。因为定语 this 封闭了这个结构：它限制了这样组合成的词组的功能，因为这个词组只能够进入一个性质相同的更大的结构，即带有定语 all 的结构（all this milk，all this fresh milk）。这个新加的定语把这个结构完全封闭了。不过，在封闭的时候，只要主要的功能没有改变，我们仍然把它叫作内向结构；因为 this milk 仍然是一个像 milk 一样的体词性的词语。

如果一个词组跟它本身的任何一个直接成分都没有相同的功能，那么它就是外向词组而且具有外向结构。例如，英语前置词加宾语的结构，像 for John“为了约翰”，of our horses“我们的马的”，in fresh milk“在新鲜牛奶里”都是外向的：这些词组并不是前置词同样也不是体词性的词语；它们的作用更像名词的修饰成分（a present for John“给约翰的礼物”），动词的修饰成分（wait for John“等待约翰”）和形容词的修饰成分（good for John“对约翰是好的”）。一个外向结构既没有中心成分也没有修饰成分。

这会让我们想起施事－动作词组。这些词组显然是外向的；因为这些词组跟它们的直接成分不一样，它们有着作为流行的完全句类型的作用，而且它们可以跟从属连接词组合成一种结构（When John ran away“当约翰跑掉的时候”）或者跟从属分句组合成一种结构（Just as we reached the hill，our horses ran away“正当我们到达小山的时候，我们的马跑掉了”）。

5.6　句法的形类

在我们分析了一种语言的所有的典型的结构而且分析出了许

多典型的词组的最终成分以后，我们就得出了词的许多形类。譬如体词性词语的中心语就成了各种类型的体词(John，horses，she)；有定动词词语的中心语就是有定动词(ran，stumbled，is)；从并列词语里分析出了连接成分(and，or)；从外向词组里分析出了前置词(for，of，in)和从属连接词(when，if，as)。

这些词的最大的形类就叫作词类(参看§4.6)。我们给一种语言所定的词类的数目，以及给每个词类所下的定义，决定于我们所选择的结构。如果我们从英语中的施事一动作结构出发，我们就分析出了一个庞大而重要的词的形类——有定动词。在英语语法的传统格式中，人们也考虑别的一些结构，特别是屈折的聚合体，这样就得到了作为一种词类的动词。它不仅包括有定动词(ran，is，are，was)而且包括在动作位置上不作为中心的不定式和分词(running，be，been)。我们将看到在施事位置上作为中心的体词可以分为更小的形类(名词，代词)。

5.7 形类的分析

我们将这样来结束我们对英语句法的举例说明：简略地考察一下在施事一动作结构中作为施事的词语——也就是主格体词词语。

(1)一致关系。我们发现有一种选择的特征，根据这种特征一定类型的有定动词跟一定的施事配在一起：I am；he(John，the house)is；we(you，they，John and Bill，the house)are。其中的成分之一，即有定动词，根据另一个成分的类，即施事词语的类，而有所不同。这样一种选择就叫作一致关系。

以这种关系在主格体词词语中建立的类首先是代词 I，它单独地跟 am 用在一起；第二类是别的一些代词如 he，she，it 等，以及在屈折形式中是单数的全部名词；而第三类是另外一些代词如 we，you，they 等，以及在屈折形式中是复数的全部名词，加上用连接成分 and 组合起来的单数名词的并列词组。请注意：这种分类使我们能够区别那些词根只是属于零变异（§4.5）的名词中的单数和复数：The sheep is running ∶ The sheep are running.

（2）次类。主格体词词语往往是含有一个中心成分和一个或一个以上的定语的主从词组（our horses“我们的马”，poor old John“可怜的老约翰”，rats in the cellar“在地洞里的老鼠”，milk which is no longer fresh“已经不新鲜的牛奶”）。考察一下其中的一种类型，在这种类型里，定语处于中心成分之前（our horses，poor old John），我们发现某些词的前面永远没有修饰成分：I，we，you，he，she，it，they，who，what，somebody，something 等等。这些词属于体词的一个次类，这个次类就叫作代词。（代词也可以用别的结构的特征来确定，而且有些代词同样也有不规则的屈折。）

除了代词以及前面有 to 的不定式词语（To scold them would be useless“责骂他们是没有用的”）以外，主格体词词语的中心构成了名词的形类。有些单数名词的前面至少总有一个定语：house“房子”，apple“苹果”，boy“男孩儿”；而定语（或者好些个定语中的一个定语）总是下列各个词中的某一个词：

（A）the，this，that，any，no，some，what，which，whatever；或者领属词语（John's，my，our）；

(B)a 或 an,each,either,every,neither,one。

这些定语在相同的结构里也处于别的许多词的前面(the big house“大房子”,any fresh milk“任何新鲜的牛奶”,John's old mother“约翰的老母亲”,a good boy“一个好孩子”)。

这样我们就得到了一类在名词之前作为定语的形容词,而在这些形容词中还有一个次类叫作限定词,即以上(A)和(B)中的词语。根据观察形容词和名词组合的方式,我们就可以在名词中建立一个次类,叫作受限名词,这一类的词在单数中总有一个限定词在它的前面。另一个名词的次类是用以下的事实来确定的,即它们在单数中或者不带有限定词出现,或者带有 A 类的限定词出现,如 milk,fresh milk,the milk(但决没有 a milk);这些是物质名词。另一些名词既可以带有 A 类的限定词也可以带有 B 类的限定词,不过在单数中出现时也不带限定词:kindness“厚道行为”,this kindness“这厚道行为”,a kindness“一种厚道行为”;这些名词是抽象名词。另外还有一些名词通常根本不带限定词:John(约翰),Chicago(芝加哥),December(十二月);这些名词是专有名词。(请注意受限名词、物质名词、抽象名词和专有名词这四个次类在这儿是怎么样毫不考虑它们的意义而确定的。)

(3)支配关系。在动词一宾语结构中充当动词的宾语(hit John“击中约翰”,drink this milk“喝这牛奶”)以及充当前置词的宾语(for John“为了约翰”,in milk“在牛奶里”)的某些代词具有特殊的屈折形式:They saw me,us,him,her,them;Whom did they see?“他们看到谁?”这个标准确定了宾格体词词语的形类。主格体词词语和宾格体词词语合在一起组成了一类即体词词语。

请注意在这二者之间的差别也还是选择的问题:这种选择是根据形式出现的位置作出的(主格是对于处在施事一动作结构以及其他一些结构中的施事位置上的词语而说的,宾格是对于处在动词一宾语结构中宾语位置上的词语而说的)。这样一种选择就叫作支配关系:在一个结构中的某些成分说成去支配其他成分的形式。(在英语中,只有某些代词可以在形式上区别主格词语和宾格词语,名词根本没有这种区别。)

在另一个位置上,也就是在谓语补语的位置上,许多说标准英语的人有时使用代词 I 的形式,说成 It's I,有时使用 It's me 的形式,两种说法同样自然。在复数形式中,It's us 对大多数说英语的人是正常的,他们不说 It's we. 而在别的代词的情况下,许多说英语的人在谓语的位置上宁愿用主格的形式,比如说 It's he(she,they),或者至少避免 It's him(her,them)这种形式。

说别的一些英语方言的人,包括不少说标准美国英语的人,把除了 who 以外所有的代词的宾格形式都用作谓语补语。

最后的这些例子往往使得受过传统语法训练的人感到疑难。因为传统的语法训练包括了"逻辑"的考虑,人们想知道什么是"正确"的,而且希望有"逻辑"的或"合理"的解释来支持正确的法规。我们不能过分强调每种语言都包含许多复杂的现象和不规则的现象,我们也不能过分强调逻辑上的争论——不论是支持某种用法和否定某种用法——在语言现象的研究中毫无合适的地方。对于实用目的和科学分析两个方面来说,语言是人们说话的方式,而不是某些人认为人们应当怎样说的方式。

如果研究语言的人把一种语言的音位结构确定了,而且把这种语言的所有的结构都分了类(包括形态学的结构和句法的结构),这样作出来的描写就是这种语言的准确而有用的语法。这种语法用尽可能最简单的方法对这个言语社群的全部话语作出说明,而且为了学习者的使用,同样也为了语言学家的研究,提供尽可能最明确的提要。

参考书目

下列的书目和文献并不是语言学的全部书目。这只不过是精选出来的一部分著作。这些著作对于想进一步学习并深入研究本书所介绍的方法的人会有真正的收益和直接的帮助。每一篇文献后面的方括号里加上了一些说明和评论,这是为了使读者在挑选的时候有所依据。

第一章　语言和语言学

Leonard Bloomfield, Language, 第 1－4,9,28 章(New York,1933)。[语言学最好的入门书;清楚,透彻,扎实,可是不太容易读。]

Leonard Bloomfield, Linguistic Aspects of Science(International Encyclopedia of Unified Science 1.4);Chicago,1939.[对语言行为特殊形式的科学作了解释;对科学的问题采取了稳健的态度。]

Leonard Bloomfield,'Philosophical Aspects of Language', Studies in the History of Culture 178－84(Menasha, Wis.,1942).[对于语言在人类社会中所起的作用作了基本的说明。]

Franz Boas, Handbook of American Indian Languages, Part I(Smithsonian Institution, Bureau of American Ethonology, Bull. 40); Washington, 1911.[语言学方法的入门,主要是关于没有文字的语言的分析。]

Edward Sapir, Language, 第 1,10,11 章(New York,1921 和 1939)。[根据许多不同语言的材料,作了杰出的非专业的论述,为了给外行看的。]

Edward Sapir,'The Status of Linguistics as a Science', Language 5.207－14 (1929).[论语言学跟别的科学的关系,而且论述了语言学对于了解人类一般行为的重要性。]

Albert P. Weiss,'Linguistics and Psychology',Language 1. 52－7,(1925).［现实主义的语言心理学;在作者的另一本著作 A Theoretical Basis of Human Behavior,1929 中加以扩充了。］

Benjamin Lee Whorf,'Science and Linguistics',The Technology Review (Massachusetts Institute of Technology),Vol. 42(1940);'Linguistics as an Exact Science',ibid.,Vol. 43(1940);'Language and Logic',ibid.,Vol. 43(1941).［把语言科学的某些方法和结果作了大胆而诱人的普及。］

第二章　语音学

Otto Jespersen,Lehrbuch der Phonetik,第 2 版;Leipzig and Berlin,1913 及以后各年。［普通语音学最科学的入门书;清楚而又系统;附有清楚的图解。］

Daniel Jones,An Outline of English Phonetics,第 6 版;New York,1940.［描写英国英语,可是有很多观点和方法对普通语音学也很重要,附有许多精致的图解。］

H. Klinghardt,Artikulations und Hörübungen,第 2 版;Cöthen,1914.［初学者最好的入门书;详细而清楚地说明了发音器官,附有有助于理解的练习。］

Hans Kurath 等,Handbook of the Linguistic Geography of New England,第 4 章(Providence,1939)。［说明了在方言调查中印象式记音的情况,描述了"新英格兰语言地图"中所用的音标。］

G. Noël-Armfield,General Phonetics,第 4 版;Cambridge,1931.［一本单薄的著作,不过从说明整个语音学方面来看,这是用英语写的唯一的一本书。］

Henry Sweet,The Sounds of English,第 2 版;Oxford,1910.［以明确而通俗而论,不失为一本好书;书虽小可是写得很好。作者还写了一本 A Primer of Phonetics(第 3 版,1906)也值得推荐。］

D. Westermann 和 Ida C. Ward,Practical Phonetics for Students of African Languages;London,1933.［对非洲语言的语音作了十分有用的研究,很

好地描写了这些外语的语音,附有有价值的图解。]

第三章 音位学

Leonard Bloomfield,Language,第 5—8 章(New York,1933)。[在音位学上也是最好的入门;跟本书的方法、定义和术语在某些细节上有些不同。]

Edward Sapir,'Sound Patterns in Language',Language 1.37—51(1925).[用非专业的术语对音位学的原理作了经典的说明;要了解音位学研究的理由,这是基础的读物。]

Morris Swadesh,'The Phonemic Principle',Language 10.117—29(1934).[一般的说明;写得很清楚值得推荐,不过跟本书的方法在好些方面不同。]

Morris Swadesh,'The Phonemic Interpretation of Long Consonants',Language 13.1—10(1937).[处理了一个专门的问题,以此来说明音位分类中所根据的原则。]

George L. Trager and Bernard Bloch,'The Syllabic Phonemes of English',Language 17.223—46(1941).[跟本书在§3.7 中对英语所作的音位分析提出不同意见;论文中的脚注 1 和 4 提出了其他一些书目。]

W. F. Twaddell,'Phonemics',Monatshefte für deutschen Unterricht(Madison,Wis.)34.262—8(1942).[说明简单,主张严格的方法,这是有价值的。]

第四章 形态学 第五章 句法

Leonard Bloomfield,Language,第 10—16 章(New York,1933)。[全面介绍语法分析的技术;不太容易读,可是比起其他处理的方法来更有价值。]

Charles Carpenter Fries,American English Grammar;New York 和 London,1940.[示范的分析,提供了一种熟悉的语言的语法,这种语法是对言语事实作客观的分类,不同意传统的观点;是一部引人入胜的著作。]

Zellig S. Harris,'Morpheme Alternants in Linguistic Analysis',Language 18.169—80(1942).[提供了处理一种语言的形态学的方法,这种方法跟处理音位学的方法一样有系统,同样的简单;有启发性可是不太容易做。]

Otto Jespersen, Analytic Syntax; Copenhagen, 1937. [对句法作有步骤的处理，把所有的结构归到简化了的公式中去；能说明问题可是比较浮浅，而且很难用到跟英语的结构根本不同的语言上去。]

Otto Jespersen, The Philosophy of Grammar; London 和 New York, 1924 及以后各年的版本。[一个常作惊人之笔的作者对很多语言中的语法范畴作了观察。]

Edward Sapir, Language, 第 4—6 章(New York, 1921 和 1939)。[作为所有最伟大的语言学家之一对语法过程和语法范畴作了清楚的说明。]

术语译名表

A

abstract noun　抽象名词
accent　重音
accusative substantive expression　宾格体词词语
actor-action construction　施事一动作结构
adam's apple　喉结
adjective　形容词
adverb　副词
affixes　附加成分
affricate　塞擦音
affrication　塞擦音
allophone　音位变体
alternants　交替形式
alveolar　齿龈音
apex　舌尖
apical　舌尖音
arrangement　配列
articulators　发音动作者
aspiration　吐气音
attribute　定语
auxiliaries　助动词

B

back unrounded vowel　后非圆唇元音
back vowels　后元音
base　词根
blade　舌叶
bound form　黏附形式
bounded noun　受限名词

C

cacuminal　翘舌音
categories of sound　语音的范畴
center　中心
clause　分句
clicks　吸气音
close juncture　关音渡
coarticulation　协同发音
combining form　组合形式
complementary distribution　互补分布
complex　合成词
compound　复合词
congruence　一致关系
conjunction　连接词
constituent　成分
contrast　对立
contrastive intonation　对照语词
coordinative construction　并列结构
coordinator　连接成分

D

degree of aperture　间隙程度
derivation　派生

determiner　限定词
diphthong　二合元音
distinctive difference　区别性差异
dorsal　舌面后辅音

E

endocentric construction　内向结构
endocentric phrase　内向词组
exclamation　感叹
exocentric construction　外向结构
exocentric phrase　外向词组
expression　词语
external open juncture　外部开音渡

F

faucal　喉音
flap　闪音
form　形式
form-class　形类
fortis　强音
free form　自由形式
free variation　自由变异
front　舌面前
frontal　舌面前辅音
front rounded vowel　前圆唇元音
front vowels　前元音
full sentence　完全句
function　功能

G

glottal　喉音
glottalic　声门闭塞音
glottalized stops　声门化闭塞音
glottal stop　声门闭塞音
glottis　声门
government　支配关系
grammatical meaning　语法意义

H

hard palate　硬腭
head　中心成分
high back rounded vowel　高后圆唇元音
higher-mid back rounded vowel　高中后圆唇元音
high front vowel　高前元音
high-mid front vowel　高中前元音

I

immediate constituents　直接成分
implosives　内破裂音
indivisibility　不可分性
infix　中加成分
inflection　屈折
inner closure　内部闭塞
interdental　齿间音
interjection　感叹词
internal open juncture　内部开音渡
intonation　语调

J

juncture　音渡

L

labial　唇音
labialization　唇化
labiodental　唇齿音
laryngalization　喉头化
larynx　喉头
lateral　边音
lateral release　旁边除阻
lax vowel　松元音
lenis　弱音
lexical meaning　词汇意义
low back rounded vowel　低后圆唇元音
low front vowel　低前元音

lower lip 下唇
lower-mid back rounded vowel 低中后圆唇元音
lower-mid front vowel 低中前元音

M

mass noun 物质名词
mediopalatal 中硬腭,中腭
mediovelar 中软腭,央软腭
minimum free form 最小的自由形式
minor sentence 不完全句
modification 变形
modulation 变调
morpheme 语素
morphological construction 形态结构
morphological processes 形态手段
morphology 形态学
morphophonemics 形态音位学
murmur 私语音

N

nasal 鼻音
nasalization 鼻化
nasal release 鼻腔除阻
nasal twang 鼻尾音
non-distinctive difference 非区别性差异
non-syllabic 非成节音
noun 名词

O

onset 成阻
open juncture 开音渡
order 次序

P

palatal 腭音
palatalization 硬腭化
paradigms 聚合体
participle 分词
parts of speech 词类
pharyngal 喉音
pharyngalization 咽头化
pharynx 喉头
phoneme 音位
phonemic transcription 音位记音
phonetic value 音值
phrase 词组
point 舌尖
points of articulation 发音点
postdental 齿后音
postpalatal 后硬腭,后腭
postvelar 后软腭
practical orthography 实用拼写法
preaspiration 前吐气音
predicate complement 谓语补语
prefix 前加成分
prepalatal 前硬腭,前腭
preposition 前置词
pressure stops 外压闭塞音
prevelar 前软腭
primary affixes 原始附加成分
primary formation 原始组合
pronoun 代词
proper noun 专有名词
prosodic features 超音质特点
prosodic phoneme 超音质音位
pulmonic 肺闭塞音

Q

quantity 音量

R

reduplication 重叠
release 除阻
retroflection 卷舌
rounded vowels 圆唇元音

S

segmental phonemo 音段音位
semivowel 半元音
sentence 句子
sharp release 急剧除阻
soft palate 软腭
specific interrogation 特指问句
spirant 摩擦音
sprachgefühl 语感
statement 陈述
stop 闭塞音
structural set 结构组
subclass 次类
subordinating conjunction 从属连接词
subordinative construction 主从结构
substantive 体词
substantive expression 体词词语
suction stops 内吸闭塞音
suffix 后加成分
suppletion 异根互补
suprasegmental phoneme 超音段音位
syllabic 成节音
syllabic consonants 成节辅音
syntax 句法

T

tense vowel 紧元音
tension 紧张
the back of the tongue 舌面后
tongue tip 舌尖
tirll 颤音

U

underlying word 基础词
unreleased 非除阻的
unrounded vowels 非圆唇元音
uvula 小舌

V

velar 软腭音
velaric 软腭闭塞音
velarization 软腭化
velum 软口盖
verb 动词
vocal cords 声带
vocal lips 声唇
vocal organs 发音器官
voice 声
voiced 有声
voiceless 无声
vowel 元音

W

whisper 耳语音
word formation 构词法

Y

yes-or-no question 是非问句

Z

zero modification 零变异

图书在版编目(CIP)数据

语言分析纲要/(美)B.布洛赫,(美)G.L.特雷杰著;赵世开译.—北京:商务印书馆,2017
(汉译世界学术名著丛书:120年纪念版:珍藏本)
ISBN 978-7-100-14915-0

Ⅰ.①语…　Ⅱ.①B… ②G… ③赵…　Ⅲ.①语言分析
Ⅳ.①H0

中国版本图书馆CIP数据核字(2017)第159135号

汉译世界学术名著丛书
(120年纪念版·珍藏本)
语言分析纲要
〔美〕B.布洛赫　G.L.特雷杰　著
赵世开　译

商 务 印 书 馆 出 版
(北京王府井大街36号　邮政编码100710)
商 务 印 书 馆 发 行
北 京 冠 中 印 刷 厂 印 刷
ISBN 978-7-100-14915-0

2017年12月第1版　　开本710×1000　1/16
2017年12月北京第1次印刷　　印张10½
定价:55.00元